Maxi Obexer
Wenn gefährliche Hunde lachen

FolioVerlag
Wien | Bozen

Maxi Obexer
Wenn gefährliche Hunde lachen

Roman

TransferBibliothek CV

Die Drucklegung erfolgte mit Unterstützung durch die Abteilung für deutsche Kultur in der Südtiroler Landesregierung über das Südtiroler Kulturinstitut.

© FOLIO Verlag Wien • Bozen 2011

Cover: Arnold Mario Dall'O
Graphische Gestaltung: Dall'O & Freunde
Druckvorbereitung: Graphic Line, Bozen
Printed in Austria

ISBN 978-3-85256-555-2

www.folioverlag.com

I. Teil

Razzia

– Sie kommen, sie kommen näher, sie finden uns, sie werden uns sehen, Ben, sie kommen. Ihre Hunde werden uns aufspüren und nach uns schnappen, die zerfetzen uns, Ben. Ben! Ich schrei gleich, ich hab Angst, dass ich schreie, ich muss gleich schreien.

Benjamin hält ihr den Mund zu.

– Nicht, sei still, versuch zu atmen, ganz ruhig.

Von allen Seiten hört man Hunde, die aufgeregt bellen. Männer kämpfen sich durch das Gehölz. Helen und Benjamin kauern, auf dem Bauch liegend, in einer Erdhöhle. Mit zugepresstem Mund und Tränen in den Augen, halb quietschend vor Angst, starrt Helen auf einen näher kommenden Hund, der schon so nahe ist, dass man sein Hecheln hören kann.

– Er wird mich hören, mein Herz schlägt so laut, dass ich nichts anderes mehr höre, es hämmert, das Herz hämmert wie verrückt, Benjamin, mir wird schlecht vor Angst –

Benjamin fährt ihr über die Stirn und das Gesicht, er drückt sie an sich.

– Leise. Sei leise.

– Leg dich auf mich, Ben, leg dich auf mich, es trägt mich sonst davon ... los, mach schon, leg dich auf mich!

– Ist gut, ist ja gut, ich lieg auf dir, du wirst nicht davongetragen, sei leise, leise, versuch ganz ruhig zu atmen, es ist gleich vorbei, hörst du? Der zieht weiter, du wirst sehen, einen Moment noch und er ist weg. Ruhig, ganz ruhig. Der verzieht sich gleich. Gleich ist er weg. So ist gut. Verzieh dich. Mistvieh. Schön ruhig. Schschscht. Hau ab, Bestie, schön ruhig, schschscht, ruhig, ruhig, und jetzt verschwinde, Mistvieh. Siehst du. Er zieht ab. Hast du gesehn? Er ist weg. Es ist vorbei. Alles vorbei.

Dreh dich um, komm, zeig mir dein Gesicht, dreh dich zu mir um. So ist gut. Du bist ja ganz nass vor lauter Tränen. Ich leck sie dir ab, komm her, ich leck dir das ab, ich leck dich trocken. Warum weinst du denn noch immer? Statt dich zu freuen heulst du noch mehr. Wie soll ich das alles trocken lecken? Wo hast du denn so viel Wasser her, sag mal. Da verdursten wir fast in der Wüste und du vergießt hier einen Bach voller Tränen. Wo sind die denn alle her? Wo sind denn die vielen Tränen her?

Du wirst dich an die Razzien gewöhnen, die kommen und gehen. Nur erwischen lassen darfst du dich nicht. Du wirst deinen Atem zu kontrollieren wissen, du wirst dich soweit bringen, nur mit halber Geschwindigkeit zu leben. Halb so laut wird dein Herz klopfen, auch wenn es für dich noch immer so laut ist, dass du nichts anderes mehr hören kannst. Aber das macht nichts, in Wirklichkeit pocht es nur halb so schnell und nur halb so laut wie sonst. Du wirst dich dazu bringen, dass du wie leblos bist, wenn sie kommen, dass du kaum mehr einen Geruch aussendest. Die Hunde werden dich nicht mehr riechen. Du wirst sogar lernen, Hunden so in die Augen zu schauen, dass sie den Schwanz einziehen und winselnd an dir vorbeiziehen. Das alles wirst du lernen, denn erwischen lassen darfst du dich nicht. Und du darfst es nicht soweit kommen lassen, dass sie dich aufscheuchen und dich durch das Gestrüpp jagen, das gibt zentimetertiefe Wunden, die hier in dem feuchten Boden nicht heilen.

Tanger, am 12. Januar 2010

Lieber Victor, kleiner Bruder,
du wolltest immer Schnee sehen, weißen Schnee. Ich weiß jetzt,
wie frischer Schnee ist, wie er riecht und wie er sich anhört,
wenn er ins heiße Wasser zischt. Es hört sich schön an. Benjamin
und ich lieben es, vor seiner Hütte zu sitzen und die Flocken zu
zählen, die ins heiße Wasser fallen, manchmal schnappen wir
nach ihnen. Wir schnappen nach den Flocken oder zählen sie,
manchmal streiten wir uns, weil wir uns immer verzählen.
Sogar die Hunde lieben es, nach den Flocken zu schnappen,
und sie sehen anders aus, wenn sie nach den Flocken schnap-
pen, dann lachen die nämlich, ja, sogar gefährliche Hunde la-
chen, wenn es schneit. Einen hatte ich direkt vor meiner Nase,
er stand etwa zwanzig Zentimeter vor mir. Die Flocken fielen
auf sein Fell, und, Victor, ich konnte sehen, wie er sich die
Flocken von der Schnauze leckte und, glaub mir, ich konnte
sehen, wie er dabei lachte.
Sag allen, es geht mir gut. Deine Helen

In der Erdhöhle

– Das hier ist also dein Quartier? Das Haus, von dem du gesprochen hast, ja?

Helen, die lachen muss, hält sich die Hand an den Mund.

– Oh Benjamin, das ist ein sehr geräumiges Haus. Und ein naturechter Teppich ziert den edlen Boden. Das Besondere aber ist, wie man es betritt! Man muss nämlich rückwärts in dein Haus schlüpfen, und wenn man es bewohnt, dann bewohnt man es ganz und gar. Man wird dann selbst zum Haus. Und wenn ich mich drehen will, musst du dich mitdrehen, komm, dreh dich, Ben! So, und jetzt hat sich das ganze Haus einmal von links nach rechts gedreht, wollen wirs nochmal machen, diesmal etwas schneller? – uuuuund drehen! Der Teppich ist feucht. Um nicht zu sagen nass.

– Mit ein paar Sonnenstrahlen ist er trocken.

– Was ist, wenn sie uns schnappen, bevor wir von hier wegkommen?

– Soweit lässt du es nicht kommen.

– Und was soll ich bis dahin tun?

– Nichts.

– Und wie soll ich das aushalten?

– Diese Zeit hier gibt es nicht, die zählt nicht.

– Aber wie soll ich sie verbringen, die Tage, die Stunden, die Minuten? Ich kann sie ja nicht totschlagen.

– Die Zeit hier zählt nicht Helen.

Eines Tages wird man uns sagen: es ist soweit, und dann laufen wir los. Wir steigen in das Boot, fahren auf die andere Seite. Und schon ist die Zeit verschwunden, die wir hier gewesen sind. Die Zeit hier wird es nicht gegeben haben, in dem Augenblick, da sie vergangen ist.

– Ben, ich muss die Zeit doch mit etwas verbringen, ich muss sie aushalten können. Wie soll ich das anstellen, ohne verrückt zu werden? Auch wenn es diese Zeit hier, wenn sie einmal vorbei ist, nicht gegeben hat, so gibt es sie doch jetzt und in den nächsten Stunden und Tagen, wie kann ich sie damit verbringen, dass sie nur vergeht, während ich Angst habe, dass sie uns, bevor wir endlich drüben sind, schnappen und zurückschicken, in die Wüste, oder irgendwohin?

– Sie schnappen uns nicht.

– Ich ertrag das nicht lange, das weiß ich, ich kann nicht die ganze Zeit nichts tun und nur hoffen, dass die Zeit vergeht, während ich Angst haben muss, erwischt zu werden. Diese Zeit, die ich hier warte, zerrinnt mir zwischen den Fingern, ich habs eilig, ich will weiterkommen, ich will die Zeit nicht sinnlos verstreichen lassen, ohne zu wissen, wie lange das noch so gehen soll!

– Denk dich woandershin, du bist einfach woanders.

– Was machen denn die anderen?

– Vertreiben sich die Zeit, warten, schlafen, beten, spielen Karten, erfinden Geschichten, Märchen, Lügen, schreiben Briefe, lesen in der Bibel oder im Koran, schleichen sich in die

Stadt und besorgen Abfälle, machen Essen daraus, denken sich woandershin.

– Nach Europa.

– Einige von ihnen kennen Paris in- und auswendig, die spazieren darin herum, sie haben sich Stadtkarten organisiert und sich Bilder aus dem Internet geholt, die können dir jeden Platz in Paris beschreiben, auch Barcelona und Rom, hier sind alle europäischen Städte vertreten, zumindest in ihrer Phantasie, so wie sich fast alle afrikanischen Länder hier finden lassen.

– Sie sehen nicht aus, als wären sie gestern angekommen, sie sehen aus, als würden sie schon ewig hier hausen, als würden sie gar nicht weg wollen, obwohl das Ziel doch zum Greifen nahe ist, das versteh ich nicht, wer so weit gekommen ist, bis hierher, direkt vor Europa, der kann doch nicht hierbleiben. Was ist mit ihnen? Worauf warten sie? Warten sie denn auf etwas?

– Vielleicht auf Geld, Helen? Die warten auf das Geld für die Überfahrt.

– Die sehen länger aus als die zehn oder vierzehn Tage, die eine Überweisung dauert.

– Ja und?! Dann gibt es vielleicht niemanden mehr, den sie fragen können!

– Was ist los? Ich möchte nur wissen, warum sie so lange hier sind. Warum sie sich damit begnügen, hier zu sein.

– Vielleicht, weil sie schon zu oft angerufen haben und Eltern, Brüder, Schwestern, die ganze Verwandtschaft nach Geld gefragt haben, bis niemand mehr etwas hatte, und auch das ganze Dorf nichts mehr hergeben konnte, weil auch die schon ihre letzten Scheine überwiesen haben! Vielleicht können die nicht mehr anrufen, weil die Leute endlich das Geld wiedersehen wollen, das sie vor Monaten oder Jahren überwiesen haben! – anstatt weiter ihr Geld herzugeben. Vielleicht hat einfach niemand mehr von ihnen Geld, jedenfalls nicht wieder tausend Dollar für die Überfahrt! Vielleicht können die nicht mehr anrufen, weil sie sich schämen?!

Weil sie noch immer unterwegs sind, weil sie anstatt einem Monat schon seit einem Jahr oder einem Jahrzehnt unterwegs sind, weil sie einmal öfter als gedacht durch die Sahara mussten? Weil ihnen ihr zusammengestottertes Geld immer wieder von Schleusern abgenommen wurde? Die haben sie ausgepresst mit dem Versprechen, sie nach Norden zu bringen, und das immer und immer wieder!? Und weil sie immer noch mehr Geld brauchten, um jedem, der Geld von ihnen wollte, etwas geben zu können! Du weißt doch selbst, wofür du alles bezahlen musstest, fürs Straßenüberqueren hat man Geld von dir verlangt! Und du weißt auch, wie sie dich erpressen können, einmal die Polizei verständigen und du bist wieder am Anfang deiner Reise!

Vielleicht aber sind sie müde, vielleicht sind sie einfach nur müde.

– Wie oft?

Wie oft Benjamin?

– Wie oft was?

– Du bist nicht zum ersten Mal hier, auch nicht zum zweiten Mal, du kennst dich zu gut aus, außerdem kennt dich fast jeder hier, du hast sogar ein eigenes Erdloch.

– Das ist kein Loch.

– Eine Behausung immerhin, die dir gehört.

Du bist auch nicht zum ersten, nicht zum zweiten Mal durch die Sahara bis hierher. Man hat dich geschnappt, und das nicht nur einmal. Wie oft hast du im Gefängnis gesessen? Und wie oft hat man dich wieder zurückgebracht. Und wohin? An den

Anfang deiner Reise? Oder in die Wüste? Du bist mehr als einmal durch die Sahara. Wie oft? Einmal? Zweimal, dreimal? Wie oft? Ich will es ja nur wissen. Wie oft also haben sie dich geschnappt und wieder zurückgebracht? Ich möchte wissen wie oft.

– Zwei Mal.

– Sie haben dich ein erstes und ein zweites Mal geschnappt? Und wieder zurückgeschickt? Dann bist du zum dritten Mal durch diese Hölle?

– Hör auf, ständig von der Hölle zu reden.

– Es ist aber die Hölle. Und ich wüsste nicht, wie ich das sonst nennen sollte.

– Ich bin zwei Mal durch die Hölle, und das durch Libyen. Wer Libyen überlebt, und das zwei Mal sogar, der hat den Arsch voller Glück, warum also sollte ich von einer Hölle reden, wenn ich so viel Glück hatte wie tausend andere nicht? Auch nicht die Leute aus meiner Gruppe hatten dieses Glück, manche vegetieren vielleicht noch heute in Folterkammern. Wer dieses Land überlebt, tut das nicht, weil er kräftiger oder klüger ist oder mehr Geld hat – auch wenn das Geld das einzige ist, das überall sonst entscheidet, in Libyen brauchst du massenhaft Geld, und du brauchst mehr Kraft und Willen, als du denken kannst. Aber das hatte jeder von uns, wir alle waren vom eritreischen Militär einiges gewöhnt, Gefängnislöcher, tagelange Transporte in stickigen heißen Lastwagen, Tote, Halbtote, Verstümmelte, wir waren alle gleich abgehärtet. Die paar, die es überlebt haben, waren nicht stärker oder klüger oder irgendwas sonst.

Helen sieht ihn eine Weile fragend an.

– Sondern?

– Sie haben Glück gehabt.

– Ich versteh nicht, was du mir sagen willst.

– Sie hatten nicht nur Glück, sie haben auch weniger oft von einer Hölle gesprochen.

– Benjamin, ich kann dich nicht verstehen!

– Von Eritrea über die Grenze in den Sudan sind wir zu Fuß, von Khartoum ging es in einem Pick-up weiter, bis Kufrah, das sind Zehntausend Kilometer durch die Wüste. Für Menschen kaum zu überstehen, aber das ist es nicht. Du kannst fast alles überstehen, nur darfst du keinen Zweifel haben. Ich habe gesehen, wie eine Frau wahnsinnig wurde, mehrere Männer mussten sie festhalten, dabei fielen zwei Männer vom Wagen herunter, die Fahrer fuhren einfach weiter, sie haben gelacht. Hätte ich gedacht, das ist die Hölle, ich wäre garantiert auch wahnsinnig geworden.

Die Frau wurde ohnmächtig, dann verstarb sie, jedenfalls hat sie sich nicht mehr bewegt. Doch ihr Mann blieb bei ihr. Und ich bin sicher, dass er nicht an die Hölle gedacht hat, er hat an sie gedacht und an das Leben mit ihr, und er hat einfach nicht aufgehört, sie anzusehen. Kurz bevor es hell wurde und wir losfuhren, sollte er sie begraben. Wir saßen schon auf dem Pick-up, sie lag im Sand, er hatte gerade das Tuch über sie gezogen und hatte begonnen, sie zu begraben, als er plötzlich sah, dass sich ihre Finger bewegten. Zuerst der eine, dann ein zweiter. Die Frau war nicht tot. Sie war erstarrt.

Das gibt es und es kommt bei solchen Transporten in der Wüste nicht selten vor. Aber wäre der Mann nicht bei ihr gewesen, er hätte es nicht bemerken können, und hätte er die Augen niedergeschlagen und an die Hölle gedacht, er hätte diesen einen Moment nicht sehen können, als sie wieder zu sich kam.

Er trug sie zum Wagen und lud sie auf, da wollten die Fahrer noch einmal dasselbe Fahrgeld von ihm. Ich dachte: Jetzt muss er wahnsinnig werden oder er bringt sie um, oder beides. Doch der Mann zog das Geld heraus und zahlte. Hinterher verstand ich, warum, er hatte nur eines im Sinn, nämlich das hier lebend zu überstehen. Und keine Sekunde davon abzurücken oder wahnsinnig zu werden, und dafür gibt es massenhaft Gründe.

Als wir endlich in Kufrah angekommen und kaum vom Wagen geklettert waren, da kamen schon die Polizisten auf uns zu. Sie hatten genau gewusst, dass wir ankommen würden, auf die Minute genau waren sie informiert worden.

Wir verbrachten zehn Tage im Gefängnis, in einem feuchten dunklen Loch von etwa acht mal acht Metern für über dreißig Leute. Bis wir von einem Händler freigekauft wurden, der für jeden 100 Dollar an den Gefängnisdirektor bezahlte. Dreihundert verlangte er dann nochmal von jedem von uns. Er packte uns in verschiedene Autos, dann ging alles sehr schnell, sodass einige, darunter auch ich, ihre Taschen zurücklassen mussten. Wir waren von da an ohne alles. Zuerst meinte ich, zu verzweifeln. Gerettet hat mich der Gedanke an diesen Mann, der nie aufgab.

Wir wurden in einen Stall gebracht, zwischen lauter Schafen. Fünf Tage blieben wir eingesperrt, ohne Essen und ohne Wasser. Doch die Katastrophe begann, als am fünften Tag zwei Sudanesen rebellierten. Es kam zu einem Durcheinander, die beiden hauten ab, wurden aber gleich darauf von Polizisten erwischt; sie schlugen sie zusammen und kamen dann mit ihnen zu uns in den Stall. Einen Polizeilastwagen brachten sie gleich mit, der war schon halb voll mit anderen, unter ihnen auch Frauen und Kinder. Dann sollten wir zurück an die Grenze gebracht werden. Die Sonne brachte den Lastwagen fast zum Schmelzen, es stank zum Himmel, ich habe einen Säugling neben mir sterben sehen, die Mutter hat in einer Plastikflasche ihren Urin aufgefangen und an ihn weitergegeben, doch er war zu schwach, er starb in ihrem Arm.

Die Fahrt ging über zwanzig Stunden. Mitten in der Wüste öffneten die Fahrer die Türen und verlangten je dreihundert Dollar von uns, damit sie weiterfahren bis an die sudanesische Grenze, andernfalls hätten wir aussteigen müssen. Die Schakale verlangten auch noch Geld dafür, dass sie uns zurückbrachten an die Grenze, also dorthin, wo wir gestartet waren. Diesmal drehte ein Junge durch, er war um die 16. Die Soldaten zwangen ihn auszusteigen und fuhren einfach weiter. So viele kommen um, weil sie in dem Irrsinn verloren gehen, durchdrehen, verrückt werden.

An einer Sammelstelle in der Nähe der Grenze ließen sie uns raus. Dort warteten schon die Fahrer, die sich anboten, uns wieder zurück nach Kufrah zu bringen, für fünfhundert Dollar. Spätestens da hatte jeder kapiert, dass das alles untereinander abgesprochen war, die Fahrer, die uns nach Kufrah fuhren, die Soldaten, die uns dort empfingen und uns in den Kerker warfen, die Gefängniswärter, die uns an die Schmuggler verkauften, die Schmuggler, die uns freikauften und uns das Dreifache dafür abnahmen und so weiter. Und das machen sie mit allen so, solange, bis nichts mehr zu holen ist, bis sie alle restlos ausgenommen haben, Eltern, Verwandte, Dorfbewohner, ganze Familien und Dörfer saugen sie bis zum letzten Tropfen aus.

Manchmal sind es vergleichsweise kleine Sachen, die dir die Wut in den Kopf treiben, dass dir schwindelig wird. Als sie uns an der Grenze ihr Satellitentelefon anboten, damit wir zu Hause anrufen und uns das Geld schicken lassen sollten, für das sie uns nach Kufrah zurückbringen wollten, war es bei mir fast so weit. Dieses Mal fehlte mir nur mehr das Maschinengewehr. Hungernd und verdurstend wartete ich, bis das Geld über Western Union ankam. Dann fuhr ich zum zweiten Mal nach Kufrah, diesmal über einen langen Umweg. Von dort ging es dann weiter bis nach Misratah in der Nähe von Tripolis. Ich hatte es fast geschafft. Es fehlte nur noch der Bootsführer. Als ich ihn fand, wurde ich noch einmal Tausend Dollar los. Dafür sollte es aber noch in derselben Nacht losgehen. Es war soweit. Ein paar Stunden und ich bin endlich drüben.

Doch dann, kurz vor dem Einschiffen schalteten sich die Scheinwerfer an, eine Polizeirazzia hatte nur auf das Anlassen des Motors gewartet, um loszulegen. Einige geraten in Panik, daraufhin wird das Feuer eröffnet, mehreren wird in die Beine geschossen, einer stirbt später an Wundbrand in dem Gefängnis, in das sie uns bringen.

Wieder warten fünfzehn Tage Gefängnis, was wenig war und nur damit zu tun hatte, dass schon ein fast voller Container mit Leuten bereitstand, den man mit uns restlichen noch füllen konnte. Langsam fing ich an zu begreifen, wie man es schaffen kann. Verlier keinen Gedanken an die Hölle, in der du dich befindest. Denn du wirst es irgendwann nicht mehr verhindern können, dass du daran zerbrichst. Sieh zu, wie du lebend rauskommst.

Im Gefängnis traf ich ein paar aus meiner Gruppe, wir tauschten uns alle Informationen aus, die wir hatten, ich weiß nicht, ob ich ohne sie noch leben würde. In Libyen gerätst du in ein System, das dich zwischen ihren Gefängnissen und der Sahara solange hin- und hertransportiert, bis nichts mehr von dir übrig bleibt, um anschließend deine Reste in der Wüste zu entsorgen, oder deine Fingernägel von den Wänden ihrer Gefängnislöcher zu kratzen. Ein Fehler, den du aus Unwissenheit machst, kann genügen, und du landest endgültig in der Hölle.

Du darfst in Libyen beispielsweise vieles nicht sagen, wenn du am Leben bleiben willst, dazu gehört, dass du kein Christ bist, andernfalls bist du tot. Auch in die Augen schauen solltest du deinen Peinigern nicht. Einer im Gefängnis hat behauptet, die europäischen Länder würden Libyen viel Geld dafür geben, um die Afrikaner von sich fernzuhalten. Er wurde daraufhin zusammengeschlagen. Doch dieses Mal nicht von den libyschen Polizisten, sondern von den Insassen selbst.

Es ist mir gelungen, aus diesem Land herauszufinden, was das bedeutet, hab ich nach und nach verstanden. Und ich habe rechtzeitig verstanden, dass du nur überleben kannst, wenn du aufhörst, die Hölle zu vermessen, in der du dich befindest. Das kannst du dir nicht leisten. Konzentrier dich nur auf einen Punkt, und zwar darauf, dass du überlebst. Ich bin aus Libyen lebend rausgekommen, wer das sagen kann, der ist ein Glückspilz.

Helen schweigt eine Weile. Sie sieht auf ihre Hände, die aus ein paar feuchten Piniennadeln ein kleines Häufchen zusammengerührt haben.

– Dann ist die Sache wohl klar.
– Was?
– Ja, dann ist die Sache klar.
Wenn du ihnen ein erstes und ein zweites Mal entkommen bist, dann schnappen sie uns hier kein drittes Mal. Dann bist

du schlauer als sie. Du kennst dich aus, weit besser als sie, du weißt alles. Die kriegen uns nicht. Nicht uns.

Tanger, am 15. Januar 2010

Liebe Eltern, lieber Victor, liebe Pat,
stellt euch vor, ihr sitzt in einem Wagen, eingekeilt zwischen den anderen, und rumpelt stundenlang, sogar tage- und nächtelang über sandige und holprige Wege durch die Sahara. Die Luft ist so, wie man sich das vorstellt: stickig, staubig, faulig, und immer wieder zieht ein beißender Gestank an deiner Nase vorbei, Diesel, Pisse, manche haben sich erbrochen. Zuerst nimmst du jedes Schlagloch persönlich, dein Hintern ist zu Brei gehopst, danach ist er eingeschlafen. Meine Kehle war hart von dem Staub und meine Zunge geschwollen. Ich hatte außerdem einen Schluckauf, der nicht aufhören wollte und der alle zum Lachen brachte.
Was glaubt ihr, wie es uns ging? Ich kanns euch sagen.
Es war ein einziges Gegackere, alle waren wir aufgedreht wie die Verrückten, wegen jeder Kleinigkeit lachte alles los, und jedes Mal, wenn es so aussah, als wäre mein Schluckauf jetzt endgültig vorbei, dauerte es nicht lange, und schon gluckste ich wieder, und alles bog sich vor Lachen.
Es gab auch immer einen, dem nach Singen zumute war, und wir anderen sangen dann mit, wir sangen bis zur Erschöpfung. So sind die Stunden vergangen und die Minuten, und die Nächte und die Tage, Tage unter einer heißen Sonne, und Nächte, in denen wir zusammengekauert froren und trotz allem vor Erwartung fieberten. Eure Helen

– Raus mit euch, los, raus, alle raus, alle raus hier aus dem Wagen, in einer halben Stunde geht's weiter. Macht ein paar Schritte. Bewegt euch.

Mit Stöcken scheuchen die Fahrer einen nach dem anderen aus dem Lastwagen.

– Warum fahren wir nicht weiter? Was haben die denn? Was soll das Herumstehen hier, mitten in der Öde?

Die ersten setzen sich hin und warten. Keiner sagt etwas. Der Wind peitscht ihnen den roten Sand der Wüste ins Gesicht. Nach und nach dreht sich jeder auf den Bauch und schläft vor Müdigkeit ein. Es ist still geworden. Plötzlich springt der Motor an. Ohne dass einer es bemerkt hätte, sind die beiden Fahrer in den Wagen gesprungen. Sie geben ein paar Mal kräftig Gas, legen den Gang ein und stieben volltourig davon.

Einige springen auf, sie stolpern dem Wagen nach, noch bevor sie es ganz begriffen haben. Dann bleiben sie stehen und starren ungläubig dem Fahrzeug hinterher, das langsam aus ihrer Sicht verschwindet, während sein übertouriges Motorengeräusch noch lange zu hören ist.

Ein erster bricht die Stille, die sich zwischen ihnen ausdehnt.

– Die bringen den Wagen zurück und kommen mit einem anderen wieder.
– Ja, hab ich auch gehört.
– Der hatte schon einen Motorschaden, als es losging.

Und wieder wird es still.

– Ich hab gehört, dass sie andere Fahrer kommen lassen, die waren durch.

– Es war ihre vierte Fahrt in der Woche, auch mit den ganzen Drogen, die die nehmen, geht's trotzdem irgendwann nicht mehr. Haben sie selbst gesagt.

– Haben sie das gesagt?

– Das haben sie so gesagt.

– Die haben doch mit keinem geredet.

– Mir haben sie es gesagt.

– Und warum sagen sie uns das nicht?

– Die konnten doch kaum mehr reden, außerdem, was wäre das geworden, wenn sie uns gesagt hätten, dass wir mitten in der Wüste aussteigen sollen, um auf einen anderen Wagen zu warten. Denen hätten wir doch kein Wort geglaubt.

Das lässt sie verstummen und hoffen, dass bald ein anderer Satz das dunkle Schweigen auflöst.

– Das müssen sie nicht extra sagen, für sie ist das normal, sie machen das immer so.

– Aber sie hätten es doch sagen können.

– Hast du sie denn gefragt?

– Nein, aber ...

– Siehst du. Sie setzen uns hier ab, und ein anderer kommt vorbei und fährt uns weiter.

– Sie haben nicht ausdrücklich gesagt, dass sie die ganze Fahrt fahren.

– Ich hoffe, sie lassen uns nicht lange warten.

– Es geht sicher bald weiter.

Die Stunden verstreichen, man hat aufgehört, Mutmaßungen anzustellen und schweigt. Jeder hat sich im Sand niedergelassen, im Abstand voneinander, und wartet. Es ist ein mühsames Warten, immer wieder horcht einer auf, weil er Motorengeräusche zu hören glaubt, dann springt er auf und schleppt sich zur nächsten Sanddüne, wo er in die Weite späht. Die anderen hocken sich auf, warten, bis er zurückkommt und lassen sich wieder in die eigene Sandkuhle fallen. Es ist ein schmerzhaftes Warten. Ständig stellen sich neue eingebildete Motorengeräusche in den erschöpften Körpern ein, die sie hochfahren lassen und sie aus dem Schlaf reißen. Während sie in der größtmöglichen Stille der Wüste verharren, hält sich manch einer die Ohren zu, um sich vor den Phantomgeräuschen herankommender Wagen zu schützen. In jedem arbeitet einzeln der Gedanke, dass man sie absichtlich vergessen haben könnte.

Unter dem Sand, den der Wind auf ihnen ablegt, verschwinden in kurzer Zeit die bunten Farben ihrer Kleidung; sie tragen nun alle dieselbe hellbraune Farbe der Wüste. Benjamin hat sich eine Kuhle gegraben und Helen aufgefordert, dasselbe zu tun.

– Hast du ein Tuch?

Helen zieht an ihrem Halstuch, das sie sich um Mund und Hals gebunden hat.
– Nicht ein Halstuch. Hat man dir nicht gesagt, du sollst ein Tuch mitnehmen?
– Nein, hat man nicht!
Wie auch?! Hätten sie mir sagen sollen, nach acht Tagen geht's zu Fuß weiter! Durch die Wüste?!

– Du brauchst eins, Helen, ohne großes Tuch bist du hier verloren.

– Sie haben zweitausend Dollar von mir bekommen, um mich von Nigeria nach Marokko zu bringen, seh ich so blöd aus, um die Hälfte davon zu Fuß zu gehen?

– Das hat nichts mit blöd zu tun.

– Man hat uns nicht gesagt, dass es, kaum sind wir aus der Stadt draußen, im durchlöcherten Wrack eines Kleinlasters weitergehen soll, zusammen mit neunzig anderen, ich wäre dann nämlich nicht eingestiegen.

Und jetzt sitzen wir hier, kein Mensch weiß wo, diese Fahrt sollte längst zu Ende sein, wir sollten längst da sein, stattdessen sind wir irgendwo in der Sahara, diese Motherfucker!

– Es wird kalt, beeil dich, leg dich in den Sand, wickle dich ein mit allem, was du hast, und dann gib Sand darüber.

Helen tut, was er sagt, sie tut es mit Wut und Tränen in den Augen, und sie kann nicht recht glauben, was sie tut.

– Du musst dich richtig eingraben, sonst überlebst du das nicht.

Schließlich liegt Helen tief im Sand begraben, nur ihr vermummtes Gesicht ragt aus der Oberfläche. Sie betrachtet die Millionen Sterne über ihnen, und sie erinnert sich an ein Märchen, darin ist die Wüste das Haus der Sterne.

– Wir sind in Minibussen los, mit einer Cola in der Hand; mein Vater, der mich bis zur Sammelstelle brachte, nahm mir noch einmal das Versprechen ab, dass sie regelmäßig von mir hören werden. Und dass ich mich niemals in ernste Gefahren

begeben werde. Sie hätten mich nie gehen lassen, hätte ich nicht hoch und heilig versprochen, dass ich sicher ankomme.
– Hör auf zu reden und zu denken, hör mit allem auf, was dir die Wärme raubt. Achte darauf, dass du kaum Energie verbrennst, atme flach und vor allem, denk an nichts, was dir Angst macht, das raubt dir die meiste Wärme.
– Werden sie zurückkommen, werden sie kommen, Ben?
– Natürlich kommen sie, wenn nicht sie, dann kommt ein anderer vorbei, wir gehen nicht verloren.
– Wie willst du das wissen?

Benjamin wusste nur, dass es darum ging, keinen Zweifel aufkommen zu lassen, das würde ihnen Wärmegrade kosten; und die wird ihnen die Nacht schon streitig machen.

– Vor einiger Zeit wurde eine Gruppe von siebzig Menschen in der Wüste zurückgelassen. Es hatte Streit gegeben zwischen den Leuten und den Fahrern, die plötzlich noch einmal zweihundert Dollar von jedem wollten. Das sahen die Leute nicht ein, warum sollten sie plötzlich nochmal zahlen?
Als die Fahrer sahen, dass die Anspannung nicht nachließ, verloren sie die Nerven. Sie setzten sich einfach in den Wagen und fuhren davon. Die Leute warteten, Tag für Tag, Nacht für Nacht, mitten in der Wüste. Niemand kam.
Doch es hat einen gegeben, der hat nicht aufgehört, daran zu glauben, dass sie alle überleben werden. Er hat gebetet, er hat Gott gerufen, auf Knien hat er Gott angerufen. Irgendwann gingen auch die anderen auf die Knie und beteten. Wenn sie umkippten, rüttelte er so lange an ihnen, bis sie sich wieder bewegten, wenn sie panisch wurden und vor Angst erstarrten, dass sie keinen Finger mehr bewegen konnten,

klopfte er sie so lange windelweich, bis sie die Augen wieder aufschlugen; wenn sie verrückt wurden und schrien und wie irre herumliefen, lief er hinter ihnen her, warf sich auf sie und beruhigte sie, bis sie wieder denken konnten.

Eines Tages, als die Aussicht zu sterben erlösender war als der Kampf ums Überleben, da sprach er von einem Laster, der in spätestens drei Tagen vorbeikommen sollte. Er behauptete, dass er ihn hören könne und beschrieb sogar das Auto, es war ein Mercedes, was eher ungewöhnlich war, die meisten fahren Toyota. In drei Tagen würde es hier sein und sie aufladen und zum nächsten Ort bringen. In drei Tagen. Wer schon fast aufgegeben hatte, sagte sich: noch die zwei, zweieinhalb Tage, und es ist alles vorbei. Wer schon halb tot war, sagte sich: die zwei Tage halt ich noch durch. Wer an seiner Hoffnung verzweifelte, der sagte sich: wenn er die zwei Tage noch überlebt bis zum dritten, dann hat sich das Hoffen wenigstens gelohnt. Jeder hat für sich beschlossen, noch solange zu überleben, bis der Laster kommen sollte. Und der Prophet, so wird er inzwischen genannt, hat ihnen von Stunde zu Stunde die Geräusche des Lasters beschrieben – solange, bis auch die anderen sie tatsächlich hören konnten. Und siehe da: Am dritten Tag hörten sie die Geräusche eines Lasters, einige konnten sogar schon feststellen, dass es ein Mercedes war, und bald konnten sie ihn sogar sehen. Der Laster war gekommen, am dritten Tag, und es war ein Mercedes, so, wie es der Prophet gesagt hatte, und er nahm sie alle auf und brachte sie an den nächsten Ort.

Diese siebzig Menschen hatten 21 Tage in der Wüste zugebracht – und sie haben allesamt überlebt.

Liebe Eltern,

in der Sahara unterwegs zu sein ist wie im Meer sein, man könnte es eine Seereise auf dem Land nennen, manchmal nämlich schimmert die Luft so, dass man meinen könnte, man befände sich mitten auf einem von Licht gleißenden See.

Im nächsten Augenblick aber hat man das Gefühl, als wäre man auf dem Himmel unterwegs, auf weißen Wolkenfeldern, die grelle Sonne am Nachmittag macht alles weiß, aber zu dieser Stunde hält man den Blick nicht lange aus. Du siehst über Tausende von Kilometern nichts, nur Dünen in jeder Himmelsrichtung.

Der Sand der Sahara ändert sich mindestens vier Mal am Tag. Morgens, gegen fünf Uhr, wenn der Himmel orange ist, ist der Sand violett, später dann, wenn die Sonne höher steigt, ist er orangefarben und wird dann, wenn die Sonne brennt, gelb wie Wüstensand, bis er in der größten Glut ganz hell wird. Als ich die Wüste zum ersten Mal bei Mondlicht sah, war ich erstaunt, wie sorgsam gekämmt sie aussieht; das Licht- und Schattenspiel des Mondes, das sich auf ihre Wellen legte, gab ihr den Anschein einer perfekten Fönfrisur, bei der jedes einzelne Sandkorn so lange auf den richtigen Punkt hingeblasen wurde, bis es zusammen mit den Millionen anderen den vollkommenen Schnitt abgab. Mutter, auch wenn du die beste Friseurin von Lagos bist, diese Frisur kriegst selbst du nicht so perfekt hin.

Manche Dünen wandern, und es ist für die Fahrer eine große Kunst, die Orientierung zu behalten. Sie sind Experten, das wissen sie auch, entsprechend überheblich sind sie. Sie spre-

chen so gut wie überhaupt nicht mit den Leuten, die sie befördern, stattdessen hören sie Musik.

Nicht überall ist die Wüste aus Sand, manchmal liegen ganze Felsen in der Gegend, es ist geröllig, voller Steinbrocken und Schotter. Manchmal ist es lehmig, und die Straßen sind glatt und hart, der Wagen schießt dann mit über hundert Stundenkilometern voran.

Mit einem Mal aber kann es geschehen, dass er im Sand einbricht und alle helfen müssen, ihn da wieder rauszuholen.

Man kann oft über mehrere Stunden nicht sehen, dass sich etwas bewegt, außer dem Sand, der vom Wind bewegt wird.

Keine Tiere, keine Bäume, keine Menschen. Es ist so still, wie man es sich nicht vorstellen kann, besonders nicht, wenn man aus Lagos kommt. Helen, die Euch vermisst.

In der Wüste

– Wach auf.

Helen legt ihr Gesicht frei, das unter einer Schicht mit Sand bedeckter Kleider vergraben war.

– Was ist?

– Es kommt hier niemand vorbei.

– Und was jetzt?

– Wir gehen los.

– Wir gehen, was?

– Los.

– Wir gehen durch die Sahara, zu Fuß? Das überleben wir nicht. Wie wollen wir, in dieser Öde, die nicht aufhört, die kein Ende nimmt ... jemals lebend ankommen.

– Ich weiß den nächsten Ort, und den können wir erreichen, wenn wir jetzt aufbrechen, bevor es heiß wird.

In der Erdhöhle

– Wir waren neunzig Leute. Neunzig. Ich habe keinen von uns mehr gesehen.

– Man kann viele Wege nehmen.

Einige sind vielleicht noch unterwegs, sind länger im Ort geblieben, vielleicht haben sie nicht so schnell einen Fahrer gefunden für die nächste Strecke.

– Wir wissen überhaupt nicht, ob sie los und nicht einfach geblieben sind, Ben.

– Dann wird irgendwann ein Auto vorbeigekommen sein, und hat sie mitgenommen.

– Eine Frau kannte ich, sie kam aus meiner Nachbarschaft, ich glaube, ihre und meine Eltern kennen sich. Was soll ich ihnen sagen, wenn sie bei meinen Eltern nachfragen, ich kann ihnen nicht sagen, dass ich es nicht weiß, weil ich vielleicht noch rechtzeitig, als wir tagelang in der Wüste festsaßen, davongegangen bin? Das kann ich nicht erzählen, das würden sie nie verstehen. Das könnte niemand verstehen. Aber was dann? Dass es ihr gut geht? Dass sie sehr beschäftigt ist und sich deshalb nicht meldet?

– Denk an etwas anderes.

Eine Meeresbrise erinnert Helen an das nahe gelegene Meer unter ihnen und an das gegenüber liegende europäische Festland, zu dem sie heute, als sie sich auf einen der bewaldeten Hügel gewagt hatte, hinübersehen konnte.

– Ich muss ständig an die verstaubten und halb verwesten Körper am Straßenrand denken, an diesen Haufen von nebeneinandersitzenden Leichen, manche waren nach hinten gekippt. Und an die, die sich zu ihnen gesetzt haben; wer zu schwach war, hat sich zu ihnen gesetzt, zu den Toten, sodass der Haufen langsam immer größer wurde, und wir sind an ihnen vorbeigezogen, an den Toten und an denen, die noch lebten.

– Sie waren zu schwach, Helen.

– Aber sie haben noch gelebt.

– Nicht mehr lange.

Sie hätten keine Stunde länger überlebt.

– Nein.

Wahrscheinlich nicht.

Ein paar Minuten vielleicht noch, was?, länger nicht.

– Gewiss nicht.

– Sie gehen mir nicht aus dem Kopf.

– Denk an was anderes.

Denk daran, da drüben zu sein, in Europa. Denk an einen normalen Tag in Europa, was machst du gerade, was trinkst du? Wie ist die Sonne? Welche Farbe hat der Mond? Wie kommst du von einem Ort zum anderen? Nimmst du den Bus, die Straßenbahn? Oder fährst du mit dem Fahrrad, mit dem Motorrad, oder hast du ein Auto und stehst im Stau und telefonierst mit deinem Handy? Wo bist du? Wo hältst du dich auf? Was arbeitest du?

– Ich hab dir doch gesagt, dass ich studieren werde.

– Was machst du gerade?
– Ich schreibe an einer Geschichte, an einer längeren.
– Was für eine Geschichte?
– An einer Geschichte, die ich schreiben werde, wenn ich drüben bin, wenn das, was ich jetzt noch vor mir habe, zurückliegt. Und wenn das, was ich mir jetzt noch vorstelle, einmal wirklich ist und nicht nur in meiner Phantasie existiert. Wenn dieser ganze Trip einmal abgeschlossen ist wie ein Kapitel, auf das ich verwundert zurücksehen kann, dann werde ich damit beginnen, über Dinge zu schreiben, die ich gesehen habe, über Dinge, an die man sich gewöhnt, einfach nur, weil es sie gibt, obwohl sie niemals sein dürften. Darüber, wie etwas normal wird, was niemals normal sein dürfte. Darüber, wie man beginnt, Dinge hinzunehmen, die nicht hinnehmbar sind. Vielleicht auch darüber, warum es normal scheint, dass schwarze Menschen, die auf dem Weg nach Europa sind, so viel Unerträgliches hinzunehmen haben. Als gehörten sie nicht der menschlichen Gattung an, sondern einer stumpfen Sorte Tier, die hinnimmt, was für normale Menschen nicht hinnehmbar ist.

Möglich, dass man mir nicht glauben wird. Und vielleicht ist es besser so. Vielleicht ist es ein Zeichen dafür, dass in ihrem Kopf nicht die Schrecken untergebracht sind, die es ihnen leichter machen würden, mir zu glauben. Mir nicht zu glauben, bedeutet vielleicht nur, dass sie noch Menschen sind und sich Dinge nicht vorstellen oder erklären können, die weit darüber hinausgehen, was Menschen für gewöhnlich erfahren.

Vielleicht ist es falsch und ich sollte nichts erzählen, damit es erst gar nicht eingeht in ihre Erfahrung und irgendwann normal erscheint. Aber ich werde es trotzdem tun.

Niemand, der als Mensch denkt, kann verstehen, dass hier Stunde für Stunde gestorben wird, tausendfach, Menschen, die nicht krank sind, sondern jung und stark, sie sterben dahin, während über ihnen die Flugzeuge dahin ziehen, in dieselbe Richtung, in der die anderen verenden. Stündlich, Minute für Minute. Das ist nicht zu erklären und es ist nicht zu verstehen und es wird niemals erklärbar und verstehbar sein. Wie kann etwas so selbstverständlich hingenommen werden, das nicht erklärbar ist und nicht zu verstehen?

Es war leicht und unbeschwert, abzureisen, wie für alle Reisenden in der Welt, ist es berauschend und beängstigend zugleich. Meinem Vater gab ich vom Wageninneren mit dem Daumen ein Zeichen, dass alles gut wird, da rollte das Auto schon an.

Meine Tante riet mir bei jedem Telefonat, Nigeria zu verlassen.

‚Worauf wartest du. Du musst raus, vergiss Lagos, vergiss Afrika, hier kannst du nicht arbeiten, du wirst schneller im Knast sein, als du denken kannst. Wenn du schon glaubst, dein Beruf ist es, darüber zu schreiben, was sonst gerne verschwiegen wird, dann solltest du dir wenigstens genau überlegen, wo du das tust. Geh nach Europa, du bist klug, du bist mutig, dort triffst du auf Freunde, mach was aus dir, und dann, wenn es nicht mehr so beiläufig einfach sein wird, dich zum Verstummen zu bringen, kannst du meinetwegen noch immer zurück.‘

Ich habe zwei Tage darüber nachgedacht, dann habe ich meine Sachen gepackt und bin in ein Auto gestiegen, das mich zur nächsten Sammelstelle brachte und von dort dann weiter Richtung Norden.

Ich schätze, andere brechen auch nicht groß anders auf. Nur, dass es für uns dann irgendwann vorbei ist und die

Leichtigkeit, wegzugehen, verwandelt sich in etwas beinahe Unmögliches, als wäre man der erste Mensch, der aufgebrochen ist. Dabei brechen doch weltweit Millionen von Menschen täglich zu irgendwelchen Reisen auf.

– Sag mir jetzt, wie du deinen Abend verbringst. Du bist in deiner Wohnung, hast dich gerade geduscht, hast dich umgezogen für den Abend, du hast gerade telefoniert, du hast ein paar Mal hellauf gelacht, und jetzt? Gehst du raus? Bist du bei Freunden eingeladen und ihr kocht zusammen?

Tanger, am 22. Januar

Liebe Eltern, lieber Victor, Pat,
ich sehe Europa, ich kann es sogar riechen, ich sehe die Lichter Europas, es sind die Lichter einer Hafenpromenade, die Straßenlaternen, unter denen die Menschen entlanglaufen, mit einem Eis in der Hand. Sie sitzen in Cafés auf den Plätzen, sie trinken frisch gepresste Limonade, sie trinken Weißwein, Sekt und auch Champagner. Ich sehe sie auf den Treppen von Museen herumlungern, auch auf denen der Universität, sie lesen in Zeitungen und in Büchern, sie unterhalten sich, lachen, rauchen Zigaretten, sie springen in den Bus, winken sich zu, Taxifahrer hupen, eine Straßenbahn bimmelt, ein ganz gewöhnlicher Tag in Europa. Eure Helen

Wasser

– Hör zu, das, was vor dir ist, ist Wasser!!, kapiert? Wasser! Wasser, das uns das Leben rettet. Hast du verstanden?

– Ja.

– Das ist Wasser, und das bringt uns weiter, alles andere ...

– Ist Urin.

– Halt deinen Mund!

– Ich kann nicht.

– Das ist Wasser. Wasser! *Wir* trinken *Wasser!*

– Das ist die Hölle.

– Das ist nicht die Hölle! Hör auf von der Hölle zu reden!

– Und wir leben von den Resten der Toten, die uns den Straßenverlauf anzeigen!

– Weiterkommen oder umkommen, das musst *du* entscheiden. Und auch dann ist es noch lange nicht sicher, dass du es schaffst. Aber es ist nicht ausgeschlossen, nicht ganz jedenfalls. Nur wenn du nicht genau weißt, was du willst, dann ist es ausgeschlossen, dass du jemals ankommst. Du wirst liegen bleiben, so wie die vielen anderen, und das geht ganz schnell, liegenbleiben geht schnell, und es ist einfach. Du setzt dich einfach hin und stehst nicht mehr auf. Nach einer Weile wirst du dich hinlegen. Und wenn du dich hingelegt hast, wirst du steif, die Hitze am Tag hat dich ausgezehrt, und die Kälte in der Nacht gibt dir den Rest. Du wirst einfach steif werden, und nur den Finger zu bewegen wird dir so schwerfallen, dass du lieber stirbst. Es wird außerdem niemand dabei sein, der dich zum Weitergehen zwingt. Niemand. ‚Das ist die Wüste‘, wird man sagen, wenn man dich findet, wenn man dich überhaupt findet, denn genau das geschieht in der Wüste tagtäglich. Es ist normal. Und bilde dir nicht ein, dass man dich mitnehmen wird. Man wird dich liegenlassen, auch als Tote. Es sind zu viele, die liegenbleiben, zu viele, die von den Lastern fallen und liegen gelassen werden, zu viele also, die man mitnehmen müsste. Zu viele, du weißt das!

– Was soll ich denn tun!?

– Du musst anders hinsehen.

Du musst dir vornehmen, anders zu sehen. Du musst sehen, was du sehen willst!

Was möchtest du denn sehen?!

– Was ich sehen möchte?

– Ja, was du sehen möchtest.

Was du sehen möchtest, wenn du dich umsiehst.

Wo siehst du dich am liebsten?

Was ist das? Wo ist das?

– Europa.

– Europa! Gut! Alle möchten Europa sehen! Soll ich dir sagen, wie du Europa sehen wirst? Ja, soll ich es dir verraten!?

– Ja. Verrats mir Ben.

– Dann sieh her. Das ist EUROPA! Europa ist hier! Hier! Vor dir! VOR DEINEN AUGEN: EUROPA! EUROPA muss *IN* DEINEN AUGEN sein. EUROPA! Alles das ist EUROPA!

EUROPA! EUROPA! Wer Europa sehen möchte, muss es schon hier sehen! Er muss es in seinen Augen haben, er muss EUROPA überall sehen, auch mitten in der Wüste, EUROPA! EUROPA! EUROPA! Hast du verstanden? Hast du mich verstanden?

– Ja.

– Also, was siehst du vor dir?

– Europa.

– Genau. Du siehst Europa!

Du siehst die Universität, du siehst Wolkenkratzer, du siehst den Eiffelturm, du siehst eine Riesenkathedrale in Spanien, du siehst das Parlament und die Kuppel vom Petersplatz, du siehst ein Riesenrad und einen spitzen Fernsehturm, du siehst Brücken und Dome mit unzählbaren Türmen, du siehst Flüsse mit weißen Ausflugschiffen darauf, du siehst Züge, die so schnell sind, dass du sie kaum zu sehen bekommst.

Mit zugekniffenen Augen streift Helens Blick über die bewegungslosen Sanddünen, auf denen schwer und gleißend die Glut der Sonne lastet.

– Dann hätte ich jetzt gerne ein Eis. Eines mit Schokolade und Pistazie, nicht zu süß, mit richtiger Schokolade, ganz kalt, eiskalt, ein eiskaltes Eis auf meiner Zunge, zwischen meinen Lippen, eiskalte Schokolade ...

Eines von denen auf den Werbetafeln in Lagos, von dieser italienischen Firma, Sorbetteria di Ra Ra Ra ... weißt du, welches ich meine?

– Hör auf.

– Sorbetteria di Ranieri, ein kaltes Schokoladeneis ...

– Hör auf!

– mit Pistazie. Eiskalt. Aber nicht zu süß.

– Du sollst aufhören!

– Du sagtest doch, ich soll an Europa denken, also denk ich an ein Eis auf meiner Zunge, an ein Schokoladeneis, mit Pistazie.

Benja- Benjamin!

Benjamin warte, warte!

Was ist denn?!

– Wirst du jetzt aufhören?

– Ja ich hör auf.

Aber was ist so schlimm an einem Eis mit Schokolade ... ich hör ja schon auf.

Das glaubt mir niemand. Wir laufen durch Totenfelder, und ich soll an Europa denken, Europa im Kopf, Europa im Körper, Europa in den Augen, nur wie!?

Wenn ich nach links sehe, sehe ich mit Sand gefüllte Augenhöhlen! Wie soll das gehen? Wie soll ich das anstellen, Ben?!

– Einmal aufgebrochen, muss es nach vorne gehen, man kann nur noch vorwärts, immer nach Norden, immer Richtung Europa, zurück ist der Tod. Du gehst nicht wieder zurück. Wenn du einmal losgegangen bist, gehst du nicht wieder zurück, du beschwörst die Geister, bevor du losziehst, du suchst den Marabú auf, der die Geister für dich anruft, du hältst dein Grigri fest bei dir, das dir den Schutz der Geister garantiert, dein Grigri kennt jede Not, die Not zu verdursten, zu erfrieren, zu verhungern, zu ertrinken, jede, egal was kommt. Du weißt, dass es weitergeht, es geht weiter, es geht voran, wenn du es aushältst, geht es weiter, es geht weiter, und wenn es noch so lange dauert, jemand wird kommen, jemand wird eintreffen und dir seine Hilfe anbieten, jemand reicht dir seine Hand und du steigst auf und fährst weiter, und die Momente, in denen du gerade noch existiert hast, die sind vergessen, die gibt es nur als Triumph, als Beweis, dass du das geschafft hast, nur so schaffen konntest, indem du an das Danach geglaubt hast mit deiner ganzen Kraft.

Tanger, am 26. Januar 2010

Liebe Eltern, mein Bruderherz, liebe Pat,
wisst ihr, wie man es anstellt, über vierzig Leute auf einem
Pick-up zu transportieren, der eigentlich für sechs bis acht
Leute geschaffen ist? Vierzig Leute, die auch noch ihre Ta-
schen dabei hatten. Das war ein Berg voller Taschen, der den
Truck vollkommen gefüllt hat. Und auf diesem großen Ge-
päckshaufen saßen die Fahrgäste. Wer in der Mitte einen
Platz fand, hatte Glück, wenigstens konnte er nicht runterfal-
len, allerdings konnte der sich am allerwenigsten bewegen.
Die anderen mussten an den Rändern sitzen und zusehen,
dass sie nicht während der rasanten Fahrt herunterkippten.
Es war ein Berg voller Menschen, auf einer Ladung voller Ta-
schen, was da im Höllentempo durch die Sahara raste. Und
wisst ihr, wie man es anstellt, dass von denen, die am Rande
sitzen, niemand herunterfällt? Man darf sich nämlich auch
nicht erlauben, sich an den Fahrzeugteilen festzuhalten, denn
die sind aus Eisen und von der Hitze glühend heiß. Man
nimmt ein Tuch und noch eins und ein drittes, ein viertes,
ein fünftes, alles, was man kriegen kann, auch Kleider, so vie-
le jedenfalls, bis man daraus einen langen dicken Strick ma-
chen kann. Und den ergreift dann jeder, und daran hält er

sich die Fahrt über fest. So ging es Richtung Europa. Bald bin ich dort. Eure Helen

In der Erdhöhle

– Wenn ich in Europa bin, dann werde ich ein zuständiges Amt aufsuchen, wo ich dafür sorgen werde, dass Leuten wie den Fahrern und ihren Komplizen das Handwerk gelegt wird; ich werde ihnen erzählen, wie sie uns ausnehmen, bis nichts mehr zum Ausnehmen da ist. Ich werde berichten, wie sie fünfhundert Dollar von dir und von mir genommen haben, obwohl sie wussten, dass es zum nächsten Ort nur noch zwei Kilometer waren. Ich werde beschreiben, was ich gesehen habe, Peitschen, Peitschen, wie man sie fürs Vieh verwendet, liegen bei denen auf dem Armaturenbrett, um sie bei ihren Fahrgästen einzusetzen. Ich werde dem europäischen Amt meine gesamten Berichte übergeben und dann wird man dafür sorgen, dass diese Leute nicht mehr so primitiv und abscheulich ihr Geld verdienen können. Ich werde persönlich dafür sorgen, dass ihnen die Peitschen aus der Hand genommen werden und sie stattdessen Handschellen umgelegt kriegen. Ich werde sie ihnen eigenhändig umlegen und sie mit den Handschellen an ihre Toyotas hängen, an die heißen Eisenstangen, und wenn es nur eine Stunde ist. Ich werde mich an die Europäische Union wenden und ihnen erzählen, welchen

Handel die mit uns treiben und wie sie uns an jeder beliebigen Stelle belügen und betrügen und Menschen einfach aussetzen wie wertlose Tiere. Dann wird sich zeigen, wie lange sie ihr Geschäft noch betreiben können. Ich werde nichts auslassen, und wenn es Tage dauert, bis alles erzählt ist, während Europa mit offenem Mund zuhört, weil es nicht glauben kann, dass solche Dinge noch immer vorkommen. Und vielleicht wird man mir zuerst nicht glauben und alles für übertrieben halten, aber ich werde es glaubhaft berichten, immer wieder, Detail für Detail, bis man mir glauben und etwas unternehmen wird.

In Europa gibt es Gesetze und es gibt die Menschenrechte, die dir jeder Europäer aufsagen kann, man wird es nicht zulassen, dass sie woanders so getreten und missachtet werden.

Benjamin, der zuerst noch nüchtern lächelte, wird jetzt selbst ergriffen von dem Stolz und dem Zauber, mit dem Helen von Europa spricht. Auch in seinem Kopf beginnt das europäische Wunderwerk sich langsam zu drehen.

– Man könnte meinen, wir Afrikaner gingen blind durchs Leben, als hätten wir keine Augen, die sehen können, oder als würden wir sie ständig geschlossen halten.

Bei den Europäern ist das anders. Die gehen mit offenen Augen durch die Welt, sie kennen ihre Rechte, sie kennen ihre Pflichten, sie kennen die Regeln, und sie halten sich daran, weil sie den Sinn von Regeln und Gesetzen verstehen, und weil ihnen klar ist, dass sie wichtig sind, für die Ordnung insgesamt, aber auch für den einzelnen, und dass es, solange es keine gerechte Ordnung gibt, keine Ruhe, keinen Fortschritt, kein Garnichts geben kann.

– In Europa gelten gerechte und gleiche Bedingungen für alle, was ungleich ist und ungerecht, ist abgeschafft worden, weil jeder weiß, dass nichts entstehen kann, solange die Menschen in ungleichen und ungerechten Verhältnissen leben.

– In Europa hat jeder begriffen, dass es am Ende auch für ihn selbst von Nachteil ist, wenn er nur an den eigenen Vorteil denkt. Man hat das dort verstanden. Jeder hat das verstanden.

– In Europa gibt es nicht nur gerechte Ordnungen, die für alle gültig sind. In Europa weiß das auch jeder einzelne zu schätzen.

– In Europa würde jeder, wenn die Gerechtigkeit bedroht wäre, sofort bereit sein, sie zu verteidigen.

– In Europa weiß man aus Erfahrung, wie man Politiker, die nichts taugen, aus dem Amt jagt. Die herrschen dort nicht lange. Wenn die Bürger nicht zufrieden sind, werden sie abgewählt und Schluss.

– Deshalb verkörpern in Europa die Regierungen und Parlamente nicht die gemästete Obrigkeit und Willkür der Autoritäten, sondern drücken allein den Willen der Bürger aus. Politiker sind die Diener der Bürger. Die Parlamente sind das gemeinsame Erbe von allen. Und die Menschenrechte sind das Ergebnis ihrer gemeinsamen Anstrengungen. Und das weiß man in Europa zu schätzen. Es ist das, worauf jeder Bürger in Europa stolz ist.

Es ist kalt geworden, seit die Sonne im Horizont versunken ist, doch Helens und Benjamins Wangen sind heiß und gerötet, und ihre Köpfe glühen vor Erregung.

Vater,

erinnerst du dich an die vielen Männer? Insgesamt sieben, die du mir aufhalsen wolltest? Und die ich mühsam wieder loswerden musste?

Einen nach dem anderen, mit den lächerlichsten Ausreden?

Dem ersten erzählte ich, dass ich so weiche Fingerknochen hätte, dass mir alles aus der Hand rutschen würde, vor allem aber die Töpfe.

Dem zweiten Bewerber machte ich klar, dass ich Epileptikerin sei und besonders dann, wenn ich Haus- und Küchenarbeit verrichten müsste, mit epileptischen Anfällen reagieren würde.

Ich sagte ihm, dass es sich um eine psychosomatische Krankheit handeln würde, die nur dann nicht tödlich endet, wenn ich nie einen Fuß in die Küche setzen müsste.

Kannst du dich erinnern, wie lange ich brauchte, bis er endlich verstand, was mit einer psychosomatischen Krankheit gemeint war?

Beim Dritten zog ich mir einen Schleier über den Kopf und erklärte ihm, dass ich eine böse Hautkrankheit hätte, besonders am Dekolleté, an den Brüsten und an der Stelle, die eine Frau nicht mit Namen nennt.

Vater!, all diese Arbeit für Männer, die wirklich nicht in mein Leben gehörten.

Und jetzt hör zu. Als ich mich in Katsina ins Auto setzte, setzte sich ein Mann an meine Seite – und er blieb es seither. Er heißt Benjamin, er kümmert sich um mich, als wäre er mein persönlicher Engel. Und er hat alles, was ich mir von einem Mann erwarte: Er ist klug, und er ist einer,

der nicht nur denken kann, sondern einer, der auch noch das Richtige denkt. Er denkt richtig, er handelt richtig, er entscheidet richtig, und stell dir vor: Er kann sogar kochen!
Deine Tochter Helen

An der Grenze I

– Wieviel Geld hast du?
– Paar Hundert.
– Kann sein, dass sie noch etwas anderes wollen.
Schau mich nicht so an.
– Ich dich?!
Du *schaust mich* an!

Einen knappen Kilometer weiter entfernt, in der gleißenden Hitze des Asphalts, nehmen sie einen Kontrollposten wahr, zwei Soldaten mit Gewehren, die zur linken und rechten Seite der Straße stehen, von einem Bein auf das andere wechseln und sich manchmal auf einen der Plastikstühle setzen. Ein wenig Schatten spendet die nicht weit von ihnen abgestellte Baracke auf Rädern, ein Bauwagen, der ihr Quartier ist.

– Wirst du zu ihnen gehen?
– Ich soll was?
– Du sollst mich nicht so anschauen!
– Was?!
– Nichts.

Benjamin sieht stumm zur Seite.

– Anders lassen die uns nicht durch.

– Wir haben doch das Geld.

– Das reicht nicht.

– Was machen die überhaupt hier, ist die marokkanische Grenze nicht geschlossen? Warum verlangen sie dann Geld?

– Um uns rüberzulassen.

– Was ist das überhaupt für ein Grenzposten, der keinen durchlassen darf, aber alle, die ihm Geld geben?

– Du weißt doch, wie's funktioniert.

– Ja, ich weiß, wie's funktioniert und es ist zum Verzweifeln und ein Grund mehr, um diesen Kontinent ...

Nur wenn du ihm Geld gibst, und noch ein wenig mehr, lässt er dich gehen.

– Dann gib ihnen das Geld.

– Das wird nicht reichen. Du weißt doch, was die außerdem noch wollen.

– Du lügst mich an. Ich glaub dir kein Wort mehr. Ständig hör ich was anderes von dir, wie soll ich dir glauben können.

– Dann geh rüber und sprich selbst mit ihnen.

– Am besten hörst du überhaupt auf zu reden, solange du nur lügst.

– Geh rüber und sprich mit ihnen!

– Hast du einen Handel mit ihnen geschlossen, dass du so genau Bescheid weißt? Hast du dich mit ihnen abgesprochen, kennen die dich etwa? So, wie man einen guten Freund kennt?

– Hör auf.

– Außerdem will ich nicht in Spanien bleiben, das habe ich schon mal gesagt, wenn du dich erinnerst, vielleicht geh ich nach Italien, aber nicht nach Rom, eher nach Mailand oder Bologna. Oder überhaupt viel weiter in den Norden, nach Deutschland oder nach Norwegen. Es wird sich zeigen, wo es mir besser gefällt. Hängt ja auch davon ab, was sie mir bieten können und welche Universität mir am Ende gefällt. Vielleicht geh ich nach Florenz, kleinere Städte sind zum Studieren gar nicht so blöd, und die Toskana ist eine wunderschöne Region, außerdem auch noch reich, ich könnte auch nach Siena gehen, das ist sogar noch kleiner, ich denke, in einer kleinen Stadt findet man sich schneller zurecht, kann sich besser konzentrieren und kommt voran. Aber so genau kann ich das noch nicht sagen. Ich finde ja auch die Schweiz nicht uninteressant, von Belgien habe ich auch schon Gutes gehört. Oder Holland. Holland ja, das würde mich sehr interessieren, in Lagos bin ich öfter mal einem Holländer begegnet. Immer wenn ich holländisch höre, muss ich lachen, so lustig ist die Sprache. Ja, ich könnte mir auch vorstellen, nach Holland zu gehen, da hab ich wenigstens was zum Lachen. Nach Amsterdam zum Beispiel. Schon der Name ist schön.

– Bist du jetzt fertig?

– Ob ich was?

– Fertig bist.

– Ob ich fertig bin?

– Können wir weitergehen?

– Das hängt von dir ab, Ben. Ich kann jederzeit weitergehen.

– Noch eine Nacht in der Kälte, und wir sind erledigt.

Ihre Räume sind nachts geheizt. Die wollen sich ein wenig mit dir unterhalten. Mehr nicht. Du wirst essen können und trinken, sogar waschen und ausschlafen wirst du dich können.

Ein LKW voller Touristen und voll beladen passiert gerade die Grenze von der anderen Seite.

– Da kommen Touristen, zieh dir das Tuch übers Gesicht.

– Warum?

– Es ist besser, sie denken, sie haben es mit Nomaden zu tun.

– Nomaden? Berber oder Tuareg oder so was? Für was hältst du mich, ich bin aus Lagos.

– Zieh dir das Tuch übers Gesicht.

– Aber warum. Das sind ganz normale Menschen, ich seh nicht zum ersten Mal Weiße.

– Mach schon.

– Was soll das? Ich bin kein Wüstenbewohner aus der frühen Vorzeit.

– Tus einfach. Stell dich neben mich und wink ihnen zu.

– Kleine Buschmännchen machen, los, Benni, spring, spring doch kleines Buchmännchen, spring und tanz ein wenig.

– Sie winken uns zu.

– Du winkst ja auch.

– Vielleicht halten sie an.

– Warum sollten die vor zwei Vermummten stehen bleiben? Die könnten ihnen auf den Kopf hüpfen, ihnen die Kopfhaut über die Ohren ziehen, ihr Schädelchen aufschneiden und sich ein kräftiges Süppchen aus ihren Gehirnen machen, so, wie die Kannibalen das halt so machen. Und hinterher springen wir in Trance um sie herum.

Der LKW mit den Touristen zieht an ihnen vorbei; manche grüßen jubelnd vom Wagen herab.

– Sie haben uns ein Bier zugeworfen.
– Ein Starbier. Das ist nigerianisches Bier. Wie kommen die zu unserem Starbier? Machs auf.
– Shit! Es ist abgebrochen.
– Du hast es abgerissen, du Idiot!
– Es ist abgebrochen!
– Ja, weil du falsch daran gezogen hast, Mann, bist du blöd, habt ihr in eurem Ziegendorf nie eine Dose zu Gesicht bekommen?
– Shit.
– Nimm einen Stein. Wenn du einen findest.
– Nein, keinen Stein.
– Und wie dann?
– Willst du sie kaputtschlagen?
– Gib her.

Sie schlägt die Dose mehrmals gegen einen Stein, bis es aufzischt.

– Was machst du denn da?! Das ganze Bier in den Sand! Nimm die Hände, nimm die Hände!

Sie versuchen beide, das Bier zu retten, man hört sie schlecken und schlürfen und saugen und schließlich husten und würgen.

In der Erdhöhle

– Ich hatte eine kleine Bar in Lagos, eines Tages kamen zwei Weiße durch meinen Vorhang. Sie bestellten ein Bier und als ich ihnen noch ein paar Erdnüsse vorbeibrachte, kamen wir ins Gespräch. Sie waren sehr sympathisch. Er war aus Österreich, sie aus Deutschland, und sie erzählten, dass sie durch den Osten Nigerias gereist waren, bis in die kleinsten Dörfer hat es sie getragen, wo kein afrikanisches Kind je einen Weißen zu Gesicht bekommen hatte. Das fanden sie komisch, doch was sie noch komischer fanden war, dass die Kinder ihnen nachgerannt sind wie einem Königspaar, um sie um alles in der Welt wenigstens einmal berühren zu können, wenn es schon nicht möglich war, ihre Hand zu ergattern. Das fanden die komisch, es hat sie sogar beschämt, wo sie doch die ganze Geschichte Afrikas und ihrer Kolonialisierung durch die Weißen studiert hatten und sich auch pflichtbewusst schuldig fühlten. Und jetzt rannten ihnen die schwarzen Kinder hinterher, als wären sie die weißen Götter. Das ganze Schuldgefühl umsonst, so kam es ihnen vor.

Ich musste lachen und hab versucht, sie zu beruhigen. Diese Kinder wollten einfach nur sehen, wie diese weiße

Haut sich anfühlt, das hätte mich als Kind schließlich auch interessiert.

Nach diesem ersten Abend kamen die beiden jeden Abend, und sie blieben meist lange, so lange zumindest, dass sie immer die letzten waren. Mein damaliger Freund war auch ein-zweimal dabei, John brachte uns gutes Gras vorbei und wir rauchten gemeinsam. Wir haben uns richtig angefreundet, und besonders sie mochte ich sehr gerne, sie hieß Tanja, glaub ich. Nach ungefähr fünf Tagen luden sie uns zu sich ins Hotel ein. Wir verbrachten den Abend in ihrem kleinen Zimmer, so, wie wir die Abende in meiner Bar verbracht hatten, mit Starbier, Erdnüssen und ein paar Joints.

Tanja wollte mir eine Einladung nach Europa schreiben, das war eine sichere Sache, und vielleicht, weil es so sicher war, haben wir es von einem Tag auf den nächsten verscho-ben. Wie dumm.

Ich weiß bis heute nicht, was dann geschah: Der Österrei-cher tat einen Zug vom Joint, es war nicht der erste, der herumgereicht wurde, und es kann sein, dass er schon ein Bier zuviel hatte, Starbier ist stark, er war vielleicht schon betrun-ken, keine Ahnung, und die Hitze kam hinzu.

Er nimmt also einen Zug von dem Joint, reicht ihn weiter an meinen Freund und fängt eine Minute später an wie ein Irrer zu schreien, „Gift, Gift, Gift!" er hat immer wieder „Gift" geschrien, ich hab kein Wort verstanden, nur, dass er mit dem Joint herumfuchtelte, als wärs eine Giftnatter, dann hat er uns von unseren Sesseln hochgescheucht und rausge-schmissen, er hat uns rausgeschmissen wie die letzten Diebe, wahrscheinlich, weil er geglaubt hat, wir wollten ihn ausrau-ben, zuerst betäuben und dann ausrauben. Das alles geschah in weniger als einer Minute. Ich habe sie danach nie mehr

wieder gesehen. Ich weiß noch, wie ich vor der zugeschlage-
nen Tür stand, auf der dunklen Veranda, und dann überhaupt
erst begriff, dass man uns gerade rausgeschmissen hatte. Leute, die wochenlang jeden Abend bei mir in der Bar waren und
die ich als Freunde angesehen hatte. Wir tapsten die dunklen Stufen nach unten, bekifft und
angetrunken, wie wir waren, als John plötzlich anfing zu
kichern, das steckte mich natürlich sofort an, wir bogen uns
vor Lachen, während wir kaum die Treppe runterfanden.
Endlich auf der Straße brusteten wir los wie die Blöden, ein
völlig hysterisches Lachen, das wir nicht stoppen konnten. So
sind wir irgendwie nach Hause gekommen.

Tanger, am 1. Februar

Liebe Eltern,
kurz, bevor wir die marokkanische Grenze passierten, kam
uns ein ganzer Jeep voller Europäer entgegen, der Richtung
Süden unterwegs war. Männer und Frauen, alle gut ausgerüs-
tet, wie ihr euch vorstellen könnt. Mit Hüten und Sonnenbril-
len und Tüchern auf dem Kopf, die im Fahrtwind flatterten.
Sie trugen Hosen und Westen mit tausend Taschen dran, und
an ihren schon leicht sonnenverbrannten Hälsen hingen die
breiten Riemen ihrer Kameras. Sie grüßten vom Wagen herab
und hielten mit der anderen Hand ein Bier hoch. Ihr werdet
es kaum glauben, es war nigerianisches Bier, sie tranken un-
ser Starbier.
Als sie schon an uns vorbeigefahren waren, hielten sie plötz-
lich. Sie hielten an und fuhren die zehn, zwanzig Meter im
Rückwärtsgang wieder zurück. Als sie bei uns waren, kurbelte

der Fahrer das Fenster herunter und fragte, ob wir uns ein Bier mit ihnen teilen wollten. Wir sagten nicht nein. Also stiegen sie aus und holten eine ganze Packung Bier hervor, verteilten es an alle und drückten auch mir und Benjamin eines in die Hand. Da standen wir also und tranken Bier, und noch eins und noch eins, einer reichte einen Joint herum, es war eine so schöne und lustige Stimmung, und es gab so viel zu erzählen, wir ihnen von Nigeria, wo sie hinwollten, und sie uns von Europa; keiner wurde müde, den anderen mit Ratschlägen zu überhäufen, bis es fast hell wurde, und jeder mit einem Koffer voller nützlicher Hinweise weiterzog.

Eure Helen

An der Grenze II

– Sie haben uns gesehen.
– Und was jetzt?
– Jedenfalls können wir nicht vor ihren Augen umdrehen und weggehen.
– Mir ist schwindlig vor Angst.
– Du phantasierst.
– Mir, mir zittern die Knie.
– Wir können jetzt nicht umdrehen.
– Nein.
– Die glauben, wir hätten was verbrochen.
– Nein.
– Die werfen uns in ein feuchtes Loch und vergessen uns dann.
– Wir gehen einfach geradeaus weiter.
– Jedenfalls müssen wir uns jetzt in Bewegung setzen.
– Wir sehen sie einfach nicht.
– Komm.
– Wir gehen einfach durch sie hindurch, wie die Schatten, wir gehen wie die Schatten durch sie hindurch, wir sehen sie nicht, und sie sehen uns nicht. Wir sehen sie nicht, sie sehen

uns nicht, bis sie hinter uns sind. Wir gehen einfach weiter, bis sie hinter uns sind, wir sehen sie nicht, sie sehen uns nicht, wir gehen einfach weiter, hören einfach nicht auf zu gehen, bis sie hinter uns sind. Ben, du bleibst bei mir, hast du gehört, Ben?

– Klar.

– Du entfernst dich keinen Millimeter von mir, keinen Millimeter.

– Keinen Millimeter.

– Er hat seine Hand bewegt. Ich geb ihm das Geld. Er deutet mit seinem Zeigefinger auf dich. Helen, er will, dass du zu ihm gehst. Bleib stehen. Du sollst stehen bleiben. Bleib stehen!

Benjamin packt Helen an der Schulter und zwingt sie zum Stehenbleiben. Die beiden Soldaten zur linken und rechten Seite der Straße heben gelangweilt den Blick. Einer von ihnen bewegt schließlich seinen Finger.

– Er will, dass du dich zu ihm drehst. Du sollst dich drehen. Dreh dich!

Helen rührt sich nicht. Wieder nimmt Benjamin sie an den Schultern und dreht sie nach rechts, so, dass sie dem Soldaten frontal gegenübersteht, während sie den anderen in ihrem Rücken hat. Eine Zeitlang stehen sie da, ohne dass etwas passiert.

– Er hat auf den Boden gespuckt.

Er hat vor dir auf den Boden gespuckt.

Shit. Ich geb ihm jetzt das Geld.

Benjamin macht ein paar Schritte zum Soldaten, der sich mit gespreizten Beinen weit in seinem Stuhl zurücklehnt. Er kaut auf einer Kolanuss. Benjamin reicht ihm das Bündel Scheine. Wieder spuckt der Soldat den rötlichen Schleim der Kolanuss vor Benjamin aus. Mit einem Grinsen nimmt er Benjamin das Bündel Scheine ab, zählt und reicht sie ihm wieder zurück. Mit dem Kopf deutet er die beiden wieder in die Richtung, aus der sie kamen.

– Was jetzt? Was machen wir jetzt?
– Dir ist es anscheinend doch nicht so wichtig, dieses Land endlich los zu sein. Möglicherweise willst du gar nicht wirklich weg, warum auch sollte eine verwöhnte Zicke aus Lagos, die von einem Schokoladeneis träumt und von Universitätstreppen, auf der sie rumhängen und Joints rauchen kann, auch wirklich alles geben wollen, um irgendwann woanders zu sein? Um eine schöne Bar zu führen, die etwas mehr abwirft, ohne dass du deinen Hintern bewegen musst? Wenn das alles ist, dann wirst du nie ankommen, warum solltest du auch? Was willst du eigentlich als Asylgrund nennen? Schokoladeneis? Das kannst du in Lagos auch haben. Ich, nur ich muss rüber, ich kann hier nicht bleiben, wenn ich mein Leben nicht im Krieg verbringen will, oder im Knast. Ich bin desertiert, du weißt wahrscheinlich nicht einmal, was das ist, und wenn die mich kriegen, dann wars das mit Europa, dann wars das mit der Idee von einem frei gewählten Leben. Das wird es wohl auch sein, was uns voneinander unterscheidet. Ich muss weg aus diesem Land, in dem die Hälfte der Jungs, mit denen ich aufgewachsen oder an die Uni gegangen bin, nicht mehr lebt, und die andere Hälfte in Gefängnissen vegetiert. Ich muss, und wenn ich drüben bin, wird man mir Asyl geben.

Und ich werde es schaffen, ich werde rüberkommen, ich komm dahin. Auch an der Seite einer Großstadtzicke wie dir.

Helen sieht ihn eine Weile schweigend, doch zunehmend verächtlicher an.

– Sag mir nicht, welche Gründe wichtiger sind, um dieses Scheißland zu verlassen, meine Gründe liegen sichtbar vor dir, aber vielleicht hat jemand wie du ja nicht die Augen dafür. Du magst einen Krieg vorschieben, für mich ist das nur der primitivste Grund, die Gründe, die ich habe, die kann jemand wie du gar nicht kapieren. Für dich würde mit Afrika alles stimmen, gäbs da nicht einen kleinen Grenzkonflikt mit Äthiopien, was? Ich wette, du bist dummerweise auf der Verliererseite gelandet, hast zu wenig Kohle verdient, warst nicht weit genug oben, um zu profitieren? Hättest du zufällig auf der anderen Seite gestanden, dann wäre auch ein Krieg nicht sonderlich falsch für dich, hab ich Recht.

Meine Gründe liegen auf der Straße, überall, wohin ich sehe, seh ich Gründe, nach Europa zu gehen und diesem verdammten Land den Rücken zu kehren! Hättest du Augen, die sehen, was sich gerade vor uns abgespielt hat, dann würdest du deinen heldenhaften Mund nicht so weit aufsperren.

– Er hat gepfiffen. Er will etwas. Und wieder. Er hat nochmal gepfiffen. Komm, lass uns zurückgehen. Los.

– Ich werde einen Teufel tun.

– Willst du, dass er auf uns schießt?

Tatsächlich kracht in diesem Augenblick ein Schuss durch die Stille. Sie drehen sich um. Der Soldat steht jetzt breitbeinig in der Mitte der Straße, grinst und winkt die beiden zu sich heran. Der andere sitzt weiterhin auf seinem Stuhl und lacht amüsiert. Benjamin und Helen gehen zurück bis zum Schlagbaum. Der Soldat setzt sich wieder auf seinen Plastikstuhl, er fragt sie, was sie vorhaben. Benjamin deutet mit einer Kopfbewegung Richtung Marokko. Der Soldat erklärt ihm, dass die Grenze geschlossen sei und gibt ihnen den Rat, es bei dem anderen Soldaten zu versuchen. Benjamin überquert die Straße und bespricht sich mit dem anderen Soldaten. Auch der erklärt ihm, dass die Grenze geschlossen sei und zuckt leicht mit Schultern. Es vergeht eine Weile, in der Helen gemustert wird. Schließlich hält er Benjamin die offene Handfläche hin, lässt sich die Scheine darauf legen und winkt die beiden durch.

– Ich hab dir doch gesagt, dass sie sich nur ein wenig amüsieren wollen.
– Ja, das hast du.

Sie gehen weiter, nach ein paar Schritten ertönt wieder der Pfiff eines Soldaten. Sie drehen sich um, wieder winkt er sie zu sich heran; als sie sich beide in Bewegung setzen, schüttelt er den Kopf und winkt ab, dann streckt er den Zeigefinger nach oben, nur einen, er will nur einen von beiden. Benjamin deutet fragend auf sich. Der Soldat schüttelt wieder mit dem Kopf. Benjamin schiebt jetzt Helen vor, der Grenzsoldat nickt zufrieden.

– Geh schon. Los, Helen, geh, die scherzen nicht. Wenn du nicht gehst, werden wir lebend nicht davonkommen. Geh, mach schon.

Er schiebt Helen ein Stückchen in die Richtung der Soldaten, bis sie sich von selbst und wie eine Schlafwandlerin in Bewegung setzt, sie macht einen ersten Schritt, dann einen zweiten und einen dritten. Sie bewegt ihre Lippen lautlos, so, als spreche sie mit sich.

– Alles wird wie weggewischt sein, wenn du erst auf der anderen Seite bist, dann ist das hier nie geschehen, nichts von dem ist je geschehen, es löst sich auf in dem Augenblick, wo du die andere Seite betrittst, es gibt dich dann nur noch auf der anderen Seite, nicht mehr auf dieser hier, wo sie dich auslöschen können jede Sekunde, wie es ihnen gefällt, diese Wirklichkeit taucht unter wie ein Albtraum, der von einem neuen, wachen Tag für immer abgelöst wird und verschwindet, wie nie dagewesen. Nichts wird jemals wieder auftauchen, wenn du einmal auf der anderen Seite bist.

In der Erdhöhle

– Mir ist kalt. Mir ist schweinekalt. Dieser nasse Teppich muss raus, wir werden doch irgendwo eine Zeitung auftreiben können, oder Pappe oder sonstwas, selbst an einem gottverlassenen Ort wie dem hier wird sich doch irgendwo etwas finden lassen, das besser ist als ein nasser Teppich, alles ist steif vor Kälte, mein Unterleib schmerzt, ich kann kaum noch pinkeln.

– Nimm das hier.

– Woher sind die Klamotten?

– Ich hab sie drüben gefunden, jemand hat sie zurück gelassen, komm, beweg dich, wir legen sie unter.

– Hast du etwas gehört?

– Noch nicht.

– Hast du mit ihm geredet? Hast du ihn getroffen? Was jetzt? Nein?

Du hast auch nichts gehört? Überhaupt nichts?

Wie lange soll das noch so gehen? Jeden Tag frag ich dasselbe und jeder Tag geht zu Ende, ohne dass ich irgendetwas erfahre, ohne dass irgendetwas passiert wäre. Ich kann doch nicht ewig so leben. Ich kann doch nicht ewig hier verrosten.

Was ist da drüben los?

Sie hören Gesänge, die von einer weiblichen Stimme angeführt werden. Es ist ein Wechselgesang, dem sich mehr und mehr Leute anschließen, und der immer lauter wird. Bald gehen sie dazu über, eigene Rhythmen zu improvisieren, sie wechseln vom Wechselgesang und der einzelnen hellen Stimme auf einen mehrstimmigen Kanon über und finden wieder in den Wechselgesang zurück.

„Praise the Lord!" Der Satz wird wieder und wieder aufgenommen und unter rhythmischem Klatschen wiederholt; „Please Master Jesus! Halleluja! Halleluja!"

Isaac, ein Pater, der sich über eine ausgefranste und dreckstarre Windjacke eine seidenbestickte Stola gelegt hat, hebt die Arme in die Höhe, es wird leise. Er fixiert die Gruppe vor ihm, dann wirft er ihnen die erste Frage zu:

– Sagt mir, was euch quält, was euch kaputt macht!

Eine gebannte Stille breitet sich aus.

– Sagt mir, wer euch die Freiheit nicht gewähren will! Wer behauptet, dass ein besseres Leben für euch nicht in Frage kommt? Oder gar verboten sein soll!?

Isaacs Stimme wird lauter, er ruft zur Menge:

– Sagt es mir! Sagt mir, was euch quält, was euch kaputt macht! Sagt mir, wer euch erniedrigt und euch das Brot nicht gönnt! Sagt mir: Wer will euch die Freiheit nicht gewähren! Wer will euch ein besseres Leben nicht zugestehen! Sagt es mir!

Die Betenden starren ihn an, sie warten gebannt auf das erlösende Wort des Paters.

– Wo sind sie, die das schaffen könnten! Zeigt mir, wem das gelingen könnte! Nichts und Niemand! Keiner wird das je schaffen!

Eine Woge der Erleichterung geht durch die Gruppe.

– Keinem wird es gelingen, euch zu nehmen, wovon ihr träumt, worauf ihr Anspruch habt, wofür ihr kämpft! Nur ihr selbst zählt! Ihr und Gott! Ihr und Europa!

Mancher Blick, der noch in Sorge eingeschlossen war, wird jetzt heller, die Gesichter öffnen sich, Köpfe, die noch bedrückt gesenkt waren, erheben sich wieder. Ihr Traum bekommt erneut Farbe und ein glänzendes Gesicht.

– Was tust du da? Von wem hast du das Handy, Ben?
– Mike ist krank.
– Was hat er?
– Er stirbt.
– Er stirbt?
– Das Handy ist von Mike, ich schreib eine SMS an seine Schwester, ich hab es dem Pfarrer versprochen, die denken, er ist seit drei Jahren in Europa. Und was wirst du ihr schreiben? Dass Mike sterben wird?
– Hi Betty. Es wird langsam wärmer in Europa, grüß sie alle von mir, und sag ihnen, es geht mir gut. Mike
– Was hat Mike?
– Er spuckt seit einiger Zeit Blut. Florence sagt, es geht zu Ende.

– Du sagst ihnen nichts?

– Was soll ich denn sagen?

– Ich weiß nicht.

– Dass er bald stirbt? Und dann?

– Dann wissen sie Bescheid.

– Wozu?

– Sollen sie glauben, er ist in Europa und lebt dort ein schönes Leben, während er in Wirklichkeit tot ist?

– Sie können nichts tun, nichts. Nicht helfen, ihn nicht ins Krankenhaus bringen, ihn nicht einmal begraben. Dazu müssten sie seine Leiche haben, und das kann niemand bezahlen.

– Sie werden ihn nie mehr wiedersehen. Aber ständig denken, dass er lebt. Werden sie sich nicht eines Tages wundern, dass sie nichts mehr von ihm hören?

– Sie werden ihn verfluchen. Weil sie denken, dass er das Leben genießt und sie vergessen hat. Obwohl sie ihm den Trip nach Europa finanziert haben. Wie sein Onkel, der angeblich Fußballprofi ist und von dem auch niemand mehr etwas gehört hat.

– Jeder scheint einen Fußballprofi in der Familie zu haben. Es muss Tausende davon geben, wenn das stimmt. Ben. Hast du auch einen Onkel oder einen Vater, der Fußballprofi ist?

– Mein Vater ist kein Fußballprofi. Er hat sich dennoch aus dem Staub gemacht.

Helen wirft ihm einen überraschten Blick zu, doch Benjamin gibt ihr mit einer kurzen Handbewegung zu verstehen, dass er nicht vorhat, darüber zu sprechen. Sie lauscht erneut den Gesängen.

– Florence kräht wie ein Huhn.

– Sie singt schön.

Die Wechselgesänge haben wieder an Lautstärke zugenommen, die helle Stimme von Florence, die jetzt einer Gruppe vorsingt, die ihr schrill und leidenschaftlich nachsingt, wechselt mit einer anderen Gruppe von Männerstimmen ab, die vom Pater angeführt wird.

Es hat zu regnen begonnen, harte kalte Tropfen fallen zuerst einzeln, dann immer dichter auf die Singenden, die sich schnell mit einer Plastikplane behelfen, die sie über ihre Köpfe ziehen.

– Ich habe heute jemanden getroffen, der uns rüberbringen wird.

– Und das sagst du mir erst jetzt?

Hey, ich warte schon ewig darauf! Was ist?

Hat er direkten Kontakt zu den Bootsführern?

– Die arbeiten für ihn.

Er hat vor allem gute Kontakte zur Küstenwache.

– Das heißt, es wird bald soweit sein?

– Bald.

– Wie bald?

– Kann sein morgen.

– Morgen?

– Morgen Abend gegen sieben treffen wir uns.

– Morgen Abend gegen sieben.

– Morgen Abend um sieben treffen wir uns am Strand.

– Am Strand. Morgen Abend um sieben.

Und dann?

– Und dann? Was denkst du wohl, was dann sein wird?

Meine lieben Eltern, liebe Pat, lieber Victor,
das wird mein letzter Brief sein, den ich auf dem afrikanischen
Kontinent schreibe, mein letzter Brief, bei dem wir noch den
gemeinsamen afrikanischen Himmel über uns haben, auch
wenn der Himmel über Tanger ein anderer Himmel ist als der
über Lagos und vielleicht schon mehr europäisch ist als afrika-
nisch. Mir zumindest kommt der Himmel über Tanger sehr eu-
ropäisch vor. Es ist sehr aufregend für mich, ich bin voller Er-
wartungen, obwohl ich das bin, seit ich in Tanger bin und
nach Europa hinübersehen kann. Ich dachte nicht, dass sich
meine Erwartung noch steigern lässt, aber es ist so, ich bin
jetzt noch aufgeregter als vor ein paar Tagen. Und gleichzeitig
vermisse ich euch schrecklich, es zerreißt mich, ich spüre zu
Afrika eine Nähe, wie ich sie noch nie so gespürt habe. Denke
ich an Nigeria, muss ich weinen, so sehr liebe ich es gerade,
dabei habe ich es bisher als meinen größten Fehler angesehen,
aus Nigeria zu sein.
Bald geht es weiter, und bald ist diese Reise beendet und ich
bin an meinem Ziel, in Europa. Aber keine Sorge, ich gehe
euch nicht verloren, das erste, was ich tun werde, ist es, euch
meinen nächsten Brief vom europäischen Festland aus zu
schreiben. Eure euch liebende Helen

In der Erdhöhle

– Ben. Warum bist du so still. Ich kann nicht still sein, wenn ich an morgen denke. Sag doch was.

– Vor ein paar Wochen sind bei einer Überfahrt über zweihundert Leute umgekommen, das Boot war in Seenot geraten, der Motor setzte aus, ein paar Stunden später ist es in den Strömungen der Meerenge gekentert.

– Woher weißt du das?

– Darüber wird viel erzählt.

Auch von dem Schlauchboot, das gegen ein Schiff geraten war und kaputt ging. Es sollen um die siebzig Leute umgekommen sein. Als es kenterte ist es von den Schiffsschrauben erfasst und nach unten gezogen worden, mit ihnen die, die sich am Boot festgehalten haben.

– Die anderen?

– Die anderen sind auch ertrunken.

– Hast du noch andere Gruselgeschichten?

– Fünfundzwanzig andere sind ertrunken, weil sie nicht schwimmen konnten, und das, obwohl sie nicht weit von der Küste entfernt waren, als das Boot sank.

– Und die, die schwimmen konnten?

– Die, die schwimmen konnten, haben überlebt.

– Das also wird so erzählt. Das sind Geschichten, Gruselgeschichten, mit denen sich die Leute die Zeit totschlagen, statt den letzten Schritt zu tun.

– Ich kann auch nicht schwimmen.

Helen sieht ihn lange an.

– Deshalb musst du nicht jede Geschichte glauben.

– Es sind nicht nur Geschichten.

Jeder, der hier ist weiß, dass einige ihr Leben verlieren.

– Isaac warnt vor den Strömungen in der Meerenge.

– Der Pater? Hat er es wenigstens schon einmal gewagt?

– Er warnt ja davor, es zu tun.

– Und du glaubst ihm das?

– Es wird viel erzählt. Von Booten, die von den Bugwellen der großen Schiffe in die Tiefe gezogen wurden oder die in den Atlantik hinausgespült wurden. Auch von Fischerbooten und anderen Schiffen wird erzählt, die vorbeifahren, wenn sie Boote mit arabischen Schriftzeichen sehen, obwohl sie sehen können, dass sie in Seenot sind.

– Ben. Wer erzählt so was? Die Leute hier. Und warum? Weil sie Angst haben, den letzten Schritt zu tun. Sie erzählen sich diese Geschichten, um sich zu beruhigen und um sich noch mehr Angst zu machen, Angst, die sie davon abhält, den letzten Schritt nach Europa zu wagen. Das ist alles. Es sind nur Gerüchte.

– Und!? Haben wir etwas anderes als Gerüchte?

Es sind immer Gerüchte, womit wir es zu tun haben, wir leben von ihnen, wir haben nichts anderes als Erzählungen und Gerüchte! Unsere Welt besteht ausschließlich daraus, aus Legenden und Erzählungen und Gerüchten! Aber falls du vielleicht irgendwo eine Wahrheit versteckt hältst, oder irgendeine Gewissheit, dann bitte! Gerne! Raus mit ihr!

Helen senkt den Blick zu Boden. Sie schweigt eine Weile. Dann lächelt sie.

– Aber bisher haben wir den guten Gerüchten geglaubt. Ich weiß nicht, warum wir das aufeinmal ändern sollten, jetzt, da wir fast am Ziel sind. Was sagt der, der uns rüberbringen wird? Was sagt der Bootsführer?

– Die sagen was anderes.

– Was sagen die?

– Kein Problem, wir sind nicht sein erstes Boot, das er rüberbringt, manchmal schafft er neunzehn im Monat und es ist ihm noch nie etwas passiert.

– Was sagt der andere?

– Der sagt, die, von denen man hört, dass sie gekentert sind, sind losgefahren, ohne sich über die Gefahren einen Kopf zu machen, sonst kentert man nicht. Sie fahren mit Booten los, die sich für die Überfahrt nicht eignen, mit übervollen Schlauchbooten, an denen sie ein paar Autoschläuche als Rettungsringe dranhängen. Und sie wählen stürmische Nächte, um den Kontrollen zu entgehen. Das alles gehört zum Verkehrtesten, was man tun kann und ist allein für die vielen Unfälle verantwortlich. Er dagegen hat große und sichere Boote aus Holz, in die er nie mehr als 80 Leute lässt. Er geht kein Risiko ein, sagt er. Er ist sehr erfahren; er kennt jede einzelne Strömung, jeden Wind und jeden Wachpolizisten persönlich. Er bricht nie auf, ohne sich vorher mit der Küstenwache abgesprochen zu haben.

– Ben. Morgen um diese Zeit sind wir Europäer.

Benjamin muss lächeln bei diesem Gedanken.

– Morgen um diese Zeit sind wir Europäer. Und dann ruf ich zu Hause an und sag ihnen, wo ich bin. Und ich werde sie am anderen Ende der Leitung jubeln hören, die ganze Familie, wild durcheinander.

Ich werde ihre Erleichterung spüren, eine tonnenschwere Last, die sich von ihnen löst, meine Mutter wird die Augen aufschlagen, als hätte der Himmel sie beschenkt, und ihre Augen werden sich mit Tränen füllen. Mein Vater wird zuerst die Lippen zusammenpressen, doch dann wird es auch ihn mitnehmen, er wird sich ein, zwei Tränen aus den Augen wischen und dann lächeln, er wird lächeln wie ein Vater, der gerade stolz ist auf seine Tochter. Der gerade so stolz auf sie ist, dass er es zum ersten Mal in seinem Leben nicht mehr verbergen kann.

– Das würde meiner bestimmt nicht tun.

– Warum nicht?

– Vergiss es. Ich werde es gewiss nicht so schnell verraten.

– Wirst du es ihnen nicht sagen, dass du in Europa bist? Deiner Mutter auch nicht?

– Ich lass sie erstmal in dem Glauben, dass ich in Ghana bin.

– Du hast ihnen nicht gesagt, dass du nach Europa gehst?

– Erzählst du immer die Wahrheit? Was ist mit deinen Briefen?

– Warum sagst du ihnen, du bist in Ghana?

– Weil ich ihr nicht sagen kann, dass ich nach Europa unterwegs bin.

– Warum nicht?

– Weil ich nicht der erste wäre, der nach Europa ist, um
für immer zu verschwinden.

– Du meinst deinen Vater, den Fußballprofi.

– Er ist kein Fußballprofi, er ist Langstreckenläufer. Er
ist einer dieser äthiopischen Wunderläufer, die sofort unter
Vertrag genommen wurden, als sie nach Europa kamen.
Obwohl er Eritreer ist. Aber als Eritreer hätte man ihn nicht
genommen. Also war er zuerst nach Äthiopien verschwunden, hatte sich dort einen äthiopischen Pass besorgt und es
dann bei den Vereinen versucht. Als er sich vier Jahre später
wieder bei uns gemeldet hat, hatte er gerade beim größten
Sportverband der Schweiz einen Vertrag unterzeichnet. Wir
Kinder standen am Telefon und mussten ihn alle der Reihe
nach telefonisch beglückwünschen. Er rief dann eine Woche
später noch einmal an, ich hatte eine ganze Liste von Fragen
an ihn, welches Gemüse man in der Schweiz isst und welches
Obst, warum er zur Schule gehen muss, wo er doch kein
Kind mehr ist, und welche Laufschuhe er trägt. Es war das
letzte Mal, dass wir etwas gehört haben. Er hat sich einfach
aus dem Staub gemacht.

Wir waren zu fünft, fünf Kinder, die sich jahrelang, Tag
für Tag, den Reichtum und die Pracht ausmalten, in denen
ihr Vater lebte.

Heute frage ich mich, ob er überhaupt dort war. Ob er
überhaupt je angekommen ist in Europa. Wer weiß das
schon.

Jedenfalls kann ich meiner Familie nicht sagen, dass ich
nach Europa gehe. Noch einer, der dorthin zieht, um für
immer zu verschwinden.

– Du brichst nach Europa auf und sagst, du gehst nach
Ghana?

– Meine Mutter hätte mich nie gehen lassen, sie hätte mich eher in Ketten gelegt. Ich hab ihr gesagt, dass ich in Ghana Arbeit suche und dass sie sich keine Sorgen machen muss. Und wenn sie länger nichts mehr von mir hört, bedeutet das nur, dass ich in einer entlegeneren Gegend unterwegs bin.

– Zwei Jahre in einer entlegeneren Gegend. Du meinst, das glaubt sie dir noch immer? Und wann wirst du ihr sagen, dass du in Europa bist?

– Das kommt darauf an, wie es mir geht.

Erst, wenn ich sicher angekommen und akzeptiert bin und mich nicht mehr verstecken muss, dann werde ich es vielleicht sagen. Wenn ich ein normaler Mensch sein kann. Wenn ich sagen kann, es geht mir gut, und dabei nicht lügen muss.

– Wenn du ein normales Leben führst und am Morgen aufstehst und einen Kaffee trinkst und dabei die Zeitung durchblätterst und auf die Uhr schaust, und dann los musst zur Arbeit und unterwegs auf einen Freund triffst, und ihr spontan beschließt, dass ihr euch am Abend auf ein Bier treffen wollt. Wenn du Miete bezahlst für eine Wohnung, in der du tun kannst, was du willst, auch die ganz banalen, alltäglichen Dinge, wie am Sonntagabend die Wäsche zu machen. Wenn du angerufen wirst oder an deiner Tür geklingelt wird, um dir was vorbeizubringen. Wenn manchmal jemand spontan bei dir vorbeischaut. Oder wenn du öfters mal lachst, weil das Leben auch daraus besteht. Dann kannst du ihr sagen, dass du angekommen bist.

– Wenn ich eine Telefonnummer habe und eine Adresse, die auf meinen richtigen Namen lauten; wenn derselbe Name in meinem Pass steht, in einem richtigen Reisepass, mit dem sich alle Türen wie automatisch öffnen, wenn auf allen Unterlagen mein Name mit dieser Adresse und dieser Telefonnummer steht, dann werde ich ihr sagen, dass ich in Europa bin.

– Wie es wohl sein wird, irgendwann einmal normal leben zu können? Wie mag wohl der erste Mensch aussehen, der uns in Europa anspricht?

– Ich werde sie davor warnen, dasselbe zu tun, ich werde sie davon abhalten, eine solche Reise anzutreten, ich weiß, dass meine Geschwister an nichts anderes denken als an Europa.

– Alle, die jung sind, denken daran.

Wie sollten sie dir glauben, dir, der doch genau das unternommen hat, woran sie jede Minute denken, der das geschafft hat, wovon sie täglich träumen, und der genau so leben wird, wie sie es sich ausmalen, wie willst du sie überzeugen, zu Hause zu bleiben, meist perspektivlos, und nichts zu unternehmen?

– Vielleicht sag ich auch nichts.

Wenn ich sie warne, werden sie mir nicht glauben. Aber ich kann auch nicht sagen: Kommt nach Europa und macht dasselbe wie ich. Ich würde mir nicht mehr ins Gesicht schauen können.

– Aber es wird sich für uns ja am Ende gelohnt haben.

– Ja.

– Weil wir hinkommen.

Eines Tages wirst du sie einladen können und ihnen ein normales Flugticket kaufen, sie innerhalb von zehn Stunden am Flughafen in Empfang nehmen, ohne jedes Risiko, sie werden nicht pausenlos ihr Leben riskieren so wie wir, sie steigen in ein Flugzeug wie in einen Bus und in Europa steigen sie wieder aus.

Helen stellt sich vor, wie ihre Schwester gerade aus dem Flugzeug kommt und die ersten Schritte über die Stufen der Gangway nach unten macht. Es ist Nachmittag, die Sonne sticht ihr in die Augen und über der Landebahn flimmert die Hitze vom Asphalt.

Ich kann sehen, wie sich Pat die Hand über die Augen hält, um nach mir Ausschau zu halten, während ich hinter den gläsernen Wänden des Flughafens kaum erwarten kann, bis wir uns in den Armen liegen. Dann dreht sich Pat um, sie scheint noch jemanden zu vermissen. Es ist Victor, unser Bruder, der jetzt auch durch die Flugzeugtür nach draußen späht und sich anstellt, sich die Sonnenbrille ins Gesicht zu ziehen und die Kapuze des Pullis über seinen Kopf. Er wirft seinen coolen Blick über das Rollfeld und den Flughafen, und erst, als ihn Pat zum zweiten Mal daran erinnert, dass es keine Konzertbühne ist und die übrigen Passagiere nicht sein Publikum, setzt er sich in Bewegung.

Tanger, am 8. Februar 2010

Vater,
erinnerst du dich, als wir uns verabschiedet haben? Du hast mir ein Kreuzzeichen auf die Stirn gemalt und gesagt: „Die Stunde wird kommen, da du froh darum sein wirst, einen Gott zu haben."
Und weißt du, wie ich dir geantwortet habe? Ich habe dir lachend ins Gesicht gesagt: „Du weißt, dass diese Stunde niemals kommen wird!"
Da sagtest du: „Warte wenigstens solange, bis du in Europa angekommen bist und dir nichts mehr passieren kann. Dann

kannst du immer noch aufhören, an Gott zu glauben. Aber
bis dahin solltest du deinen Stolz zügeln."
Ich gab dir einen Klaps auf die Wange.
Aber du bist ernst geblieben und wolltest nicht aufgeben.
Vor der Fahrt übers Meer fielen mir deine Worte wieder ein.
Ich sah das Boot und die vielen Menschen, die sich so wie
ich einen Platz darin suchen mussten. Jeder wollte so weit
wie möglich vorne sitzen am Bug, niemand weiter hinten,
keiner wollte zur Ruhe kommen und lange, bevor es los-
fuhr, schaukelte das Boot, und noch in Strandnähe
schwappten schon die ersten Wellen ins Boot. Meine Beine
zitterten, das Meer war tiefschwarz, meine Finger klammer-
ten sich am Bootsrand fest, und die Kälte des Wassers zog
über meine Füße. Da begann ich zu beten; so ängstlich war
ich noch nie.
Und weißt du was: Ich sah plötzlich einen Engel, er saß fast
neben mir, rechts vom Motor, ich saß links davon. Im nächs-
ten Moment aber sah ich ihn am Bug sitzen. Und kaum war
er dort, saß er auf einem Stein an der Küste und strich sich
das Wasser von den Flügeln, wirklich.
Dann sah ich, wie ihm kalt wurde, wie er seine Flügel um-
klammert hielt und fror.
Das war kein Engel, der seine Flügel ausbreitete, um andere
darunter zu bergen. Es war ein Engel, der selbst bedroht war
und seine Flügel vor einer Gefahr schützte, die sie ihm zerfet-
zen und die ihn weit übers dunkle Meer davontragen würde.
Ich bemerkte die nasse Kälte an mir, während ich ihm zusah.
Da stand ich auf, und ohne zu wissen, was ich tat, ging ich
dem Engel nach. Ich stieg übers Boot, das Wasser war noch
nicht tief, und in weiten Sätzen sprang ich zum Strand zu-
rück, dem Engel entgegen, der jetzt nachdenklich, aber doch

auch sehr zuversichtlich dasaß. Ich weiß jetzt, dass dieser En-
gel mich gerettet hat.
Vater. Ich werde jetzt erstmal nicht mehr auf Gott verzich-
ten.
Und auf den Engel an meiner Seite, auf den geb ich Acht. So
lange, wie er auf mich Acht gibt. Und mindestens bis weit
nach Europa.
Deine Helen

In der Erdhöhle

– Was jetzt?
Das Geld ist weg.
– Wir wären jetzt tot. Ich bin mir sicher, dass irgendetwas nicht stimmte mit diesem Boot und diesen viel zu vielen Leuten drin, ich weiß nicht, ob man sich so täuschen kann, ich glaub nicht.
– Was sollen wir jetzt tun?
Wir haben nicht einen Cent.
– Nein.
– Nein?
– Nein.
– Wir wären jetzt drüben.
– Nein.
– Hast du mich gehört?!

Helen schweigt, sie hockt in ihrer löchrigen Decke und sieht auf die kalten leeren Innenflächen ihrer Hände. Benjamin reicht ihr eine Plastiktüte.

– Hier.

– Was ist das?
– Siehst du doch.
Ist ein Geschenk, zum Geburtstag.
– Zum Geburtstag, natürlich. Und der ist heute, was?
– Machs auf.

Helen öffnet den Knoten der Plastiktüte und entnimmt ihr
ein paar Strümpfe, einen BH, einen kurzen Rock, weiße hohe
Schuhe und einen Lippenstift.

– Wo hast du das her?
Wo hast du den Lippenstift her?
Woher?
– Von Florence, wenn er dir gefällt, kannst du ihn behalten,
sagt sie.
– Wozu? Was soll ich damit? Was ich damit soll?
– Du kannst ihn ja mal ausprobieren.
– Für wen?
– Für mich.
– Für dich.
Ich soll ihn für dich tragen?
– Du könntest mit Florence in die Stadt, atmest eine andere
Luft, siehst dir die Stadt an, Florence kennt sich aus, die kennt
jeden Winkel und jede Gasse.

Helen sieht auf den abgenutzten BH, der in ihrem Schoß liegt,
sie dreht den Lippenstift in ihren Fingern.

– Ich hab dich mal gefragt, warum du das für mich tust.
Weißt du noch, als du mich in den Sand gebettet hast für die
Nacht, da hab ich dich gefragt, warum du das für mich tust.

Mich durch die Wüste bringst ... Du hast mich angesehen. Und deine Lippen benetzt. Und dann hast du sie ein wenig bewegt, und ich meinte, dass ich dich lächeln sah, schüchtern. Ich hab das als Antwort genommen, dass du es für mich, wegen mir, wegen uns sogar getan hast, vergiss es. Und jetzt gibst du mir einen Lippenstift, sagst, ich sollte ihn für dich tragen, und sagst aber nicht, dass ich mit Florence auf den Strich gehen soll.

– In meinen Augen trägst du ihn für mich.

– Hör auf mit dem Mist.

Nicht, dass es mich noch groß überraschen würde, so viel begriffen hab ich schon, dass es für Frauen als natürlicher Zoll zu verstehen ist, wenn sie nach Europa wollen. Aber dass du!, dass es dich ... dass es dich so kalt lässt, dass es dir so einerlei ist, dass du das ohne mit der Wimper zu zucken hinnimmst, dass du im Grunde! nicht besser bist als all die Scheißtypen!, das, das macht das Ganze noch unerträglicher, was bist du nur für ein Mann!? Ja!? Was ist eigentlich mit dir los!?

– Du trägst ihn für mich. In meinen Augen trägst du den Lippenstift für mich, für keinen anderen als für mich.

– Du glaubst doch nicht etwa, dass ich das tu?

Benjamin zuckt mit der Schulter.

– Denkst du das?

– Tu, was du willst.

Helen packt die Sachen in die Tüte zurück, sie schnürt einen Knoten und stellt sie neben Benjamin, der sich in seiner zerfransten Windjacke verkrochen hat. Sie zieht die löchrige Decke enger an sich und bemerkt erst jetzt, wie kalt ihr ist.

– Ich weiß nur, dass ich jetzt drüben wäre, wenn du nicht wieder aus dem Boot gestiegen wärst, und dass wir zweitausend Dollar aufzutreiben haben und ich keine Ahnung habe, wie das gehen soll, außer. Ja, außer.

Helen, die an den Wänden ihrer kleinen Behausung hochsieht, muss plötzlich lachen.

– Wir könnten uns einen Lampenschirm besorgen, einen Kristallleuchter mit lauter kleinen und größeren Glasperlen dran, einen prächtigen Kristallleuchter, der würde sich an der erdigen Decke bestimmt gut machen. Und eine Wandleuchte, eine Wandleuchte als Fackel, wir könnten meinen, wir wohnten in einem Schloss. Und einen kleinen Vorgarten könnten wir anlegen, mit ein paar Blümchen, die im Frühling blühen. Wir machen es uns richtig schön in unserer kleinen Höhle.

Benjamin schweigt, Helen kichert weiter und sieht sich noch mal um. Doch mit der Vorstellung, dass diese enge Erdbehausung länger als befürchtet ihre Wohnung sein sollte, steigt mit dem Kichern ihre Verzweiflung, und nur mühsam kann sie die Tränen zurückhalten.

Tanger, am 12. Februar 2010

Liebe Pat,
zu meinem Geburtstag durfte ich mir heute ein Essen wünschen,
ich wollte einen Eintopf aus Chili und Yams, und ich hab ihn
bekommen, und zwar genau so, wie ich ihn mir gewünscht habe,
heiß und scharf. Sag allen, es geht mir gut, Deine Helen

In der Erdhöhle

Benjamin ist mit einem Eimer voll warmem Wasser gekommen. Er zieht ihr die viel zu engen Schuhe aus; Helen schreit auf. Dann zieht er ihr vorsichtig die Strümpfe von den Beinen. Er taucht die Hand mit einem Lappen ins warme Wasser und beginnt Helen zu waschen.

– Wisch mir den Lippenstift ab, gib her.

Sowie Helen den warmen Lappen auf ihrem starren und kalten Gesicht spürt, fängt sie an zu weinen.

– Gib mir den Lappen, ich mach das selbst.

Sie wischt sich die Schminke vom Gesicht und die Tränen aus den Augen.

– Florence hat mir einiges erzählt.
– Aha.
– Sie hatte gedacht, ich wüsste Bescheid. Gott.
– Worüber Bescheid?

– Wo ist dein Auftrag erfüllt? In Spanien? In Italien? Wo gibst du deine Ware ab? Ich hoffe doch wohl in Europa?

– Welche Ware?

– Ist es wahr?

– Was ist wahr?

– Ja, genau das wollte ich dich fragen.

– Hängt davon ab, was du glauben willst.

– Du bekommst Geld dafür, mich sicher ins Bordell zu befördern?!

– Das ist Bullshit.

– Ob das die Wahrheit ist?!

– Es ist Shit.

– Du hast mir die ganze Zeit etwas vorgemacht.

Hast die ganze Zeit den Beschützer gespielt, stattdessen bekommst du Geld!

– Hast du etwa Geld bei mir gesehn?

– Verkauf mich nicht auch noch für blöd.

– Vielleicht habe ich ja den anderen etwas vorgespielt.

– Und hör auf zu lügen.

– Wem willst du glauben?

– Das ist eine gute Frage!

– Wem hast du bisher geglaubt?

Du hast doch bisher mir geglaubt.

Oder?

Und? Wie weit sind wir damit gekommen?

Wir sind fast drüben. Europa ist zum Greifen nahe, du kannst hinübersehn.

– Das kann ich nicht erst seit heute!

– Vergiss nicht, wir wären schon dort!, wärst du nicht aus dem Boot gestiegen. Überhaupt könnte man meinen, du würdest am liebsten umdrehen.

– Was willst du damit sagen?

– Nichts.

– Was heißt nichts?!

– Ich kapier nicht ganz, warum du Florence plötzlich glaubst!

– Warum sollte sie mir Lügen erzählen?

– Du hast sie mit dem Arsch nicht angesehn, und jetzt glaubst du ihr diesen Bullshit.

– Hat sie einen Grund mich zu belügen?

– Einen?

– Ich will wissen, ob es stimmt, was sie sagt!

– Hast du nicht die Leute dafür verachtet, dass sie ewig in diesem Dreck hier bleiben? Direkt an der Schwelle zu Europa?

– Stimmt es, was sie sagt!

– Das musst du entscheiden.

– Das soll ich entscheiden?!

– Du musst selbst wissen, was du glauben willst.

– Was ich glauben *will?* Wie wär's mit der Wahrheit!

– Du müsstest inzwischen wissen, dass es die für uns nicht gibt.

Helen sieht ihn lange an.

– Was bringt es dir, diesen Mist zu glauben. Wenn du denkst, du kommst weiter mit dem, was dir Florence erzählt, dann viel Glück. Ich würde lieber zusehen, wie ich vorankomme, und weniger, wie ich mich aufhalten lasse. Ich will da rüber und ich will die Zeit nicht mit blödem Gerede vertun.

Er hat Recht, überlegt Helen. *Warum sollte ich etwas glauben, das unerträglich ist, solange ich es nicht einmal sicher wissen kann.*

Sie sieht sich erneut in ihrer Behausung um. Um dem Eimer herum, aus dem sie sich gewaschen hatte, hat sich eine schlammige Pfütze gebildet. Sie fährt unter den Teppich und scharrt eine Handvoll trockener Erde zusammen, um sie auf die Pfütze zu geben.

Sie kann sich aber nicht vorstellen, dasselbe noch mal zu tun und sich hinterher in diesem Dreck zu waschen. Und das immer und immer wieder, bis das Geld für die Überfahrt zusammen ist.

Wie kann das jemand von ihr erwarten? Ja, wie kann das jemand erwarten? Und was ist mit dem los, der es von ihr erwartet?

Wenn Ben es hier als normal annimmt, warum sollte er es woanders nicht auch als normal erwarten?

II. Teil

Grace

Tanger, am 12. März 2010

Liebe Pat,
ich möchte dir von einer jungen Frau erzählen, die ich ken-
nengelernt habe, sie heißt Grace.
Grace zog zusammen mit ihrem Freund von Lagos nach Tan-
ger. Die ganze Reise über blieben sie zusammen und kämpf-
ten sich gemeinsam durch.
Für sie ist er, ich nenne ihn der Einfachheit halber Sam, für
sie ist Sam wie ein Engel, ein älterer Bruder, ein Vater, ein
Freund und einer, dem sie voll vertraut. Man kann sagen, die
beiden haben sich wirklich geliebt.
Dass sie eine Reise durch die Sahara und durch Länder, in
denen sie nicht gerade willkommen waren und in denen sie
jeder ungeniert ausnehmen konnte, zusammen überstanden
haben, war für sie der stärkste Beweis, dass sie zusammenge-
hörten.
Denn auch, wenn Sam ihr verboten hat, es einen Trip durch
die Hölle zu nennen, sie wird nicht aufhören, es so zu nen-
nen, einen Trip, durch den sie gemeinsam gegangen sind und

*den sie überlebt haben, und das wird sie immer an ihn binden,
vielleicht für immer.*

*Und nun muss sie erfahren, dass dieser Engel einer von jenen
Gangstern ist, die gegen Bezahlung Frauen nach Europa beglei-
ten, um sie direkt ins Bordell zu bringen.*
*Auf diese Weise hat er sich seine eigene Reise nach Europa finan-
ziert. Wenn er nicht überhaupt noch mit anderen jungen Frau-
en einen Haufen Geld gemacht hat. Und nach Europa kommt
er in Wirklichkeit mit dem Flugzeug, wann immer er es möchte.*

*Sie bieten sich als Begleiter an, sind die ganze Zeit an ihrer Sei-
te und holen sie aus manchen gefährlichen Situationen raus.*
*Sie kennen sich aus und sie wissen, wie man mit den Kontroll-
posten redet – wenn sie nicht eh schon lange im Geschäft miteinander sind. Daher fragt sich Grace auch, ob sie in manche
gefährliche Situation, aus der sie Sam herausgeholt hat, nicht
durch ihn erst hineingeführt wurde.*
*Aber das kann sie nicht genau sagen. Sie kann nicht wissen, ob
die vielen Male, die sie durch Sam überstanden und überlebt
hat, ob die vielen Male nicht zumindest teilweise von ihm
selbst herbeigeführt wurden.*
*Allein die Vorstellung aber, dass alles, was sie zusammen durch-
gestanden haben, für Sam eine Auftragserfüllung war, ist unerträglich.*
*Aber auch, dass Sams Name nur erfunden ist, dass überhaupt
alles an ihm eine Lüge ist, seine ganze Geschichte, alles, was
er ihr erzählt hat, das raubt ihr den Verstand.*
*Sam hat alles bestritten, doch der Zweifel blieb, und bevor sie
völlig verrückt wurde, musste sie sich Klarheit verschaffen. Soviel stand für sie fest.*

Also verließ sie die gemeinsame Unterkunft und ging in der Dunkelheit davon. Sie suchte die Freundin, die ihr das über Sam erzählt hatte. Doch sie fand sie nicht. Sie suchte alle Straßen ab, die sie kannte, doch Florence, so hieß die Freundin, Florence fand sie an diesem Abend nicht. Es wurde immer dunkler, die letzten Lichter in den Häusern und Wohnungen gingen aus, es wurde gefährlicher für sie, sie hatte Hunger, sie fror, sie hatte Angst.

Sie war einige Stunden durch die Gassen geirrt und jetzt stand sie da, nachts, ein wenig versteckt, in einem dunklen Gasseneingang, sodass Polizisten sie nicht so leicht sehen konnten. Aber nach ein paar Minuten wurde es ihr einerlei, wo sie stand und ob man sie dort sehen konnte. Am Ende wollte sie, verloren wie sie war, einfach nur gefunden werden.

So stand sie da, die Augen fielen ihr fast zu und blieben doch gleichzeitig weit aufgerissen. Irgendwann hockte sie sich hin, obwohl sie wusste, dass es sehr gefährlich war, sich hinzuhocken und womöglich einzuschlafen.

Jeder, der auf sie stoßen konnte, konnte ein Betrüger, ein Polizist, eine Bedrohung sein, viel eher, als ein normaler Mensch.

Die Stimme aber, die sie schließlich ansprach, war weich und freundlich.

Sie fragte sie, ob man ihr helfen könne. Grace starrte mit aufgerissenen Augen in das Gesicht dieses Menschen. Und wohl nichts, nichts hätte sie in diesem Moment davon abhalten können, zu weinen, dazu war diese Stimme viel zu weich und zu freundlich. Als diese Person ihr dann noch ein Taschentuch in die Hand drückt war klar, dass sie es nicht ablehnen wird.

Dieser Mann brachte sie in eine Hotelbar, in der sie etwas

Warmes zu trinken bekam. Sie war schon lange nicht mehr in einer so luxuriösen Einrichtung gewesen, und es war lange her, dass sie ein warmes Getränk aus einem Glas getrunken hatte. Die Atmosphäre war wohlig und freundlich, sie wurde müde, wie sie es schon lange nicht mehr war. Irgendwann fielen ihr einfach die Augen zu und sie schlief ein.

Am nächsten Morgen erwachte sie in einem Zimmer, in einem weißen Bett mit sauberer weißer und gestärkter Wäsche. Sie schlief und wachte auf und schlief wieder ein, und so muss es wohl über vierundzwanzig Stunden lang gegangen sein. Und als sie endlich richtig erwachte, da stand eine Tasse Kaffee neben ihr auf einem Stuhl, sie trank ihn, dann ging sie ins Bad und stellte sich unter eine Dusche mit warmem Wasser. Als sie fertig war, nahm sie einen Bademantel vom Haken und zog ihn an. Mit der Tasse in der Hand setzte sie sich in einen Stuhl und sah aus dem Fenster. Der Himmel war blau, es war hell, durch die weißen Häuser konnte sie bis zum Meer sehen.

Und wie sie so dasaß in diesem ruhigen sonnigen Zimmer, da bekam sie seit langem zum ersten Mal wieder eine Ahnung davon, wie es sein könnte, in einem ganz normalen Tag zu sein.

Pat, liest sich das nicht wie ein Märchen?

Es schien so ausweglos zuerst, und so schwer war es für Grace, sich zu entscheiden und nicht zu wissen, wohin die Entscheidung sie führen sollte. Sam zu verlassen und zu gehen hätte ja noch viel auswegloser werden können. Es war ein so schwerer Schritt, einer der schwersten, den Grace je getan hat.

Und jetzt fand sie sich in einem sauberen Zimmer wieder, sie war in Sicherheit und konnte überlegen und noch einmal

gründlicher nachdenken über das, was ihre Freundin Florence
ihr gesagt hatte.

*Diese Frauen sind in deinem und in meinem Alter, viele sind
wie ich aus Nigeria, fast jede kommt in Begleitung eines jungen Mannes nach Tanger, diese jungen Männer sind nur zur
Hälfte ihre Freunde, sie sorgen dafür, dass die Mädchen nicht
verloren gehen auf der mühsamen Fahrt durch die Sahara,
und vor allem nicht verloren gehen in den Kellern, in denen
sie sich während dieser Fahrt immer wieder aufhalten, in Kellern, wo man sie ihr Reisegeld abbezahlen lässt.*
*Die jungen Männer sorgen dafür, dass sie weiterkommen, dass
sie nicht zurückbleiben oder liegen bleiben, wie es anderen geschehen kann. Sie lassen sie nicht ein einziges Mal aus den Augen. Sie bringen sie durch Niger, Mali, Mauretanien, Algerien,
Marokko, durch sämtliche west- und nordafrikanischen Länder, durch alle Passkontrollen. Sie schaffen es über Grenzen,
wo es offiziell keine Grenzübertritte gibt, und an allen Grenzen
und Kontrollen lassen sie die Mädchen dafür zahlen.*
Viele schaffen es am Ende nach Europa.
*Also könnte sich der Preis gelohnt haben. Sie kommen immerhin an. Im Gegensatz zu denen, die unterwegs verloren gehen,
können sie sicher sein, nicht verloren zu gehen. Und sie kommen sogar schneller an, als viele andere.*
*Ich frage mich aber, wohin sie es tatsächlich geschafft haben?
Wenn es nur ein europäisches Bordell ist, dann haben sie es
nicht nach Europa geschafft. Wie leben sie denn? Und was passiert dort mit ihnen? Können sie sich frei bewegen?*
Können sie die Wege verfolgen, von denen sie träumen?
*Können sie jemals Europäerinnen werden, oder bleiben sie die
Afrikanerinnen, die man ins Bordell gibt?*

Sie zahlen bereits an jeder Passkontrolle zu viel, und sie zahlen nicht nur für sich, sie zahlen auch noch für die Typen, die sie verkaufen.

Und wenn der Preis für die Überfahrt nach Europa auch nur in einem winzigen Verhältnis zu dem steht, was sie an jeder vorgeblichen Polizeikontrolle in Afrika bezahlt haben, dann wird der Preis so hoch sein, dass sie ihr Leben brauchen, um ihn abzubezahlen. Das heißt, dass sie ihr Leben im Bordell verbringen.

Und um im Bordell zu leben, muss man nicht nach Europa gehen.

Man muss nicht in Europa leben, wenn man dabei nicht frei ist.

Nein. Wenn du nicht frei bist am Ende, dann hat es sich nicht gelohnt wegzugehen. Denn du bist außerdem noch einsam und allein.

In Afrika bist du wenigstens nicht einsam.

Pat, ich möchte, dass du mir versprichst, dass du nie, aber auch wirklich nie ernsthaft auf den Gedanken kommst, nach Europa aufzubrechen, bevor du nicht ein von mir persönlich gebuchtes Flugticket in der Hand hältst. Das versprich mir: Mach es nicht so, wie ich es getan habe. Ich verspreche dir dafür, dass ich alles, alles tun werde, um bald in der Lage zu sein, dir ein sicheres Flugticket zu besorgen.

Deine Helen

Seit der letzte Kunde sie verlassen hat, starrt Helen in ihr Spiegelbild. Sie greift sich ein Papiertaschentuch und beginnt sich die verschmierte Schminke aus dem Gesicht zu wischen. Wieder hört sie die Schritte der Alten wie ein altes Schiff die

Treppen hochsteigen. Gleich wird sie mit der Faust gegen Helens Tür pochen, untrügliches Zeichen dafür, dass schon der Nächste bereitsteht. Wenn Helen Glück hat, begibt sich die Alte genauso schwergewichtig wieder nach unten. Wenn nicht, wird es irgendetwas geben, wofür sich Helen zu rechtfertigen oder zu entschuldigen haben wird. Helen greift zum Schminkzeug, nimmt den Lippenstift heraus und zieht sich die Lippen nach. Sie klappt die Schatulle mit den Lidschatten auf und grundiert ihr Augenlid mit Perlmuttfarbe. Anschließend fährt sie mit einem goldbetupften Pinsel noch einmal über ihre Lider. Die Alte bemüht sich die Treppe wieder hinunter. Der Kunde hatte offenbar nichts zu bemängeln.

Helen steht auf, sie rückt ihren Rock zurecht, ihren BH und setzt sich dann wieder hin. Solange, bis es wieder an ihrer Tür klopfen wird.

Tanger, am 14. März 2010

Liebe Pat,
ich will dir weiter von meiner Freundin berichten.
Nachdem Grace in diesem Zimmer aufgewacht war und stundenlang im weißen Bademantel dagesessen und nur in den Himmel und aufs Meer gesehen hatte, da klopfte es irgendwann an die Tür. Es trat der Mann ein, der sie in die Hotelbar und später in das Zimmer gebracht hatte.
Er lächelte und fragte höflich, ob er eintreten dürfe.
Dann stellte er eine ganze Plastiktüte voller Lebensmittel auf das Tischchen, darunter eine ganze Schale voller Früchte, Orangen, Datteln und Bananen.
Sie trinken zusammen Kaffee. Er erzählt ihr, dass er in Ma-

rokko aufgewachsen und mit neunzehn nach Europa gegangen ist. Zuerst nach Süditalien, wo er in den Plantagen arbeitete, dann hat es ihn weiter Richtung Norden gezogen. Inzwischen lebt er seit vielen Jahren in Deutschland.

Seinen Urlaub aber verbringt er regelmäßig in Tanger, wo er auch dieses Haus besitzt; er hat es sich irgendwann gekauft, als die Preise günstig waren.

Doch wenn er in Marokko ist, hält er es nur wenige Tage in der Stadt aus, es zieht ihn ins Hinterland, wo er aufgewachsen ist.

Daher hat er es bis auf zwei Zimmer, die ihm weiterhin gehören, an einen Freund vermietet, der eine Pension daraus gemacht hat.

Grace wollte sich bei ihm bedanken, er hatte sie schließlich von der Straße in ein sicheres Zimmer gerettet. Und sie wollte ihm sagen, dass sie für die zwei Übernachtungen bezahlen wollte. Aber er winkte ab. Stattdessen bot er ihr an, dass sie für die nächste Zeit erstmal hier wohnen bleiben konnte.

Was glaubst du, wie erleichtert sie war.

Doch natürlich war sie nicht ganz dumm, um nicht auch gewarnt zu sein. Das Angebot des Marokkaners schrie danach, misstrauisch zu machen.

Sie fragte ihn, warum er das für sie tat.

Da sagte er, dass auch er einmal in derselben Lage gewesen war, er weiß noch, wie verloren er sich manchmal fühlte. Wie oft er betrogen und belogen wurde. Von Männern und Frauen gleichermaßen. Ja, an die Frauen erinnerte er sich ganz besonders, weil er sie geliebt hat.

Er weiß, wie er sich immer wieder täuschen ließ, aber auch, wie angewiesen er auf ihre Hilfe war.

Pat, was dieser Mann sagte, hätte genauso auch Grace erzäh-

len können. Es war, als seien es ihre eigenen Erfahrungen, de-
nen sie zuhörte, ihre Gefühle, ihr Stolz, der verletzt wurde.
Es war, als spreche er aus ihrer Seele. Wie hätte sie ihm nicht
vertrauen können?
Dennoch brachte Grace noch einen letzten Zweifel auf und
fragte ihn, ob er etwas von ihr wolle. Da sagte er: Nichts.
Stattdessen fragte er sie, ob sie eine Arbeit gebrauchten könn-
te. Was denkst du wohl, was sie ihm geantwortet hat.

Pat, meine liebe Schwester, ich muss aufhören.
Sag allen, es geht mir gut, ich umarme dich. Deine Helen

Tanger, am 17. März 2010

Liebe Mutter, lieber Vater, lieber Victor,
ich habe eine Arbeit angenommen und wohne seit ein paar
Wochen in einem kleinen Zimmer in einer Pension, es ist sau-
ber und ich habe meine eigenen vier Wände. Eine ältere
Dame regelt das Haus hier, zusammen mit ihrem Sohn, Vin-
cent, ein typischer neureicher Nigerianer mit Goldringen an
jedem Finger, einer fetten Uhr am Handgelenk und einer
noch fetteren Goldkette um seinen Hals. Aber das eigentliche
Sagen hat seine Mutter, eine beleibte Alte aus Enugu, mit ei-
nem Mund wie ein Müllschlucker.
Ich höre sie oft, wie sie ihre Befehle an das Zimmerpersonal
erteilt, das ganze Haus erbebt dabei.
An manche Dinge muss ich mich noch gewöhnen, die Näch-
te können sehr dunkel sein, aber es wird von Tag zu Tag
heller.
Wenn ich aus dem Fenster auf die Straße sehe, sehe ich den

Menschen zu, wie sie ihren Beschäftigungen nachgehen, Menschen, die einen Tag haben, der am Morgen beginnt und am Abend langsam ausklingt. Ich lausche den Geräuschen des Alltags, dem Geschrei und dem Gelächter in den Gassen, sogar dem Gehupe der Autos höre ich gerne zu. Jedes Mal wundert es mich von neuem, wie selbstverständlich und einfach sich ein Leben abspielen kann. Ich freue mich, wenn das erste Licht am Morgen den Tag erhellt und die Dunkelheit der Nacht dem neuen Tag weicht. Und ich wusste nicht, dass ich einmal dankbar darüber sein würde, dass die Sonne jeden Tag verlässlich aufgeht.

Eure Helen

Helen sieht auf die Tür, die sich wieder einmal hinter ihr geschlossen hat und die in ein paar Minuten wieder aufgehen wird.

Sie kommen für eine Zigarettenlänge vorbei, billig, wie wir sind.

Sie sind von überallher, aus ganz Europa. Spanier, Italiener, Franzosen, Briten, auch Amerikaner und sogar Australier sind darunter, aber auch Algerier, Marokkaner und Tunesier, viele von ihnen, die in Europa leben und arbeiten und zum Heimaturlaub hierher zurückkommen.

Sie, die auch einmal vor der Grenze zu Europa waren, müssten wissen, welche Sehnsucht in uns brennt. Sie müssten wissen, was sie niederdrücken, wenn sie sich mit ihren fleischigen Männergewichten auf uns legen. Sie müssten kennen, was sie zerstören und was sie töten.

Bisher hat es immer etwas gegeben, das vor mir gelegen ist und das mich weitergezogen hat, es hat mich geleitet wie ein

unsichtbares Magnetband, Schritt für Schritt hat es mich wei-
tergebracht. Nur jetzt gerade fehlt es mir.
Ich könnte aber nicht sagen, wo ich es verloren habe.
Vielleicht ließ ich es bei Ben zurück. Von dem ich nichts weiß.
Ich habe das Gefühl, dass es nicht mehr weitergeht, dass ich
auf der Stelle trete, ich bewege meine Beine zwar, doch sie
bringen mich keinen Schritt weiter.

Tanger, am 19. März 2010

Liebe Pat,
ich möchte dir weiter von Grace berichten. Aber ich möchte,
dass nur du es weißt.
Grace ist nicht die einzige in dem Haus, ein ganzes Volk jun-
ger Frauen ist hier versammelt, jede einzelne wartet darauf,
dass es bald weitergeht nach Europa. Ganze Gruppen junger
Mädchen kommen regelmäßig in das Haus, von Vincent ange-
führt, sie lachen und scherzen, freuen sich, manche sind et-
was stiller und neugierig, allen aber ist diese freudige Erwar-
tung abzulesen, bald liegt ihr Leben offen und frei in ihrer
Hand. Es ist immer dasselbe. Es ist immer eine Frage der
Zeit, bis sie dieses alte Schiff die Treppen hochsteigen und in
eines der Zimmer schlurfen hört, das zuvor ein Kunde verlas-
sen hat.
Wie und wie sehr einer unzufrieden war, lässt sich ein paar
Minuten später an den Schreien des Mädchens hören. Aber
auch an den Schlägen.
Und es dauert in der Regel nicht lange, dann hört sie schlagar-
tig gar nichts mehr. Die Alte kennt jeden ihrer Schläge. Sie
weiß, wie sie wirken und vor allem, wie lange.

Manche brechen an den Schlägen der Alten einfach zusammen und sind mehrere Minuten ohnmächtig. Andere kauern nur in einer Ecke, sind aber noch bei Bewusstsein.

Pat, Grace traut sich selbst nicht mehr zu, zu wissen, was sie sieht, was sie erlebt und was sie hört. Sie weiß nicht, ob es entsetzlich ist oder nur normal, sie zweifelt an sich und an dem, was sie sieht und was sie denkt.

Wie kann etwas normal sein und alltäglich, wenn es doch entsetzlich ist.

Und wie kann etwas entsetzlich sein, wenn es so alltäglich ist und normal und von so vielen getan und hingenommen wird.

Grace ist völlig verwirrt. Sie sagt: „Wenn ich mir sage: Es ist entsetzlich, hört es dennoch nicht auf, es zu sein. Aber wenn ich mir sage: Es ist, wie es ist, es ist normal, so hört es trotzdem nicht auf, mich zu quälen. Ich weiß nicht mehr, was ich sehe."

Und ich, Pat, ich weiß nicht, wie und wozu ich ihr raten soll.

Grace sieht die jungen Mädchen, wie sie leerer und leerer werden.

Sie sieht, wie ihre Augen sind, wenn sie zum ersten Mal in dieses Haus kommen, und sie sieht ihre Augen nach zehn Tagen. Es ist keine Bewegung mehr darin zu erkennen, sie leben nicht mehr, sie sterben nicht, denn auch dazu musst du noch den Hauch eines Lebens besitzen.

Manchen sieht sie an, wie sie nach ein paar Tagen aufgeben, wie sie lieber sterben wollen, als weiter zu tun, was sie jeden Tag tun müssen.

Aber um sich dagegen aufzurichten, reicht oft nicht mehr die Achtung vor sich selbst, nicht der Entschluss. Das erste, was zerstört wird, das, was bei allen am Anfang ihrer Reise stand und das ihnen soviel Übermut und Kraft gegeben hat, das zerreißt hier wie ein fein gewobenes Spinnennetz, durch das ein kurzer Regen peitscht.

Pat, wie können so viele junge Frauen, die so viel Schönheit und Leben besitzen, wie können sie diesen Tieren vorgeworfen werden. Warum bietet man diesen Männern nicht gleich einen Friedhof an, wo sie wenigstens nur Tote in die Erde rammen könnten.

Pat, Grace weiß nicht mehr, was sie in Wirklichkeit sieht. Aber sie hat auch Angst, dass es wahr ist, was sie sieht. Dass es einfach wahr ist, und sonst nichts.

Grace ist wirklich zu bedauern. Denn die Frauen, von denen sie spricht, sind im Grunde unausstehlich. Sie sind es gar nicht wert, dass man sie verteidigt. Statt sich zusammenzutun, bekämpfen sie sich gegenseitig, spielen diesem alten Schiff aus Enugu zu, das sie quält und erniedrigt, statt sich ihrer mit einem Tritt über die Treppe zu entledigen.

Jeder Cent, den die eine weniger einbringt als die andere, wird ihr mit Hass und Ekel und Flüchen vergolten; statt sich gegenseitig zu helfen, gehen sie aufeinander los.

Grace traut sich nicht mehr, sie traut aber auch den anderen nicht mehr. Doch wenn man anfängt, allen zu misstrauen, findet man keine ruhige Sekunde mehr. Grace ist erbärmlich einsam, sie war noch nie so allein.

Sag allen, es geht mir gut.

Deine Helen

Liebe Eltern,

es geht mir gut. Ich verdiene Geld zum ersten Mal, viel Geld sogar, und es wird von Tag zu Tag mehr. Den größten Teil lege ich zur Seite. Für einen guten und sicheren Platz auf dem Schiff.

Ich werde mich nicht fürchten müssen, ich werde keinen Engel nötig haben, der mir sagt, ob es ratsam ist, einzusteigen oder nicht. Ich werde einsteigen und ankommen.

Wie eine Königin seh ich mich auf das Schiff gehen, ein Seidenschal schützt mein Gesicht vor der kühlen Brise, die mir vom Meer entgegenweht. Und eine Sonnenbrille schützt meine Augen vor dem gleißenden Sonnenlicht. Meine Hände stecken in weißen Handschuhen, der Kragen meines Trenchcoats flattert im Wind.

So steh ich an der Reling, hinter mir verblassen die Lichter von Tanger. Mein Gesicht ist ungerührt stolz, ich muss nicht lachen, ich muss nicht weinen. Die Dinge geschehen, wie ich sie gewollt habe.

Eure Helen

Tanger, am 21. März 2010

Liebe Pat,

wenn man anfängt, allen zu misstrauen, findet man keine ruhige Sekunde mehr und keinen Schlaf. Grace schläft seit Tagen nicht mehr, obwohl sie sich zwingt, die Augen zu schließen. Sogar den ganzen Tag versucht sie, die Augen geschlossen zu halten, doch der Schlaf will nachts trotzdem nicht kommen.

Ich hab sie gefragt: Grace, wovor hast du Angst, wenn du nicht schlafen kannst? Etwa davor zu sterben? Hast du Angst, dass du stirbst, wenn du die Augen schließt? Dann aber solltest du erst recht schlafen. Wenn du nämlich nicht mehr schläfst, stirbst du irgendwann aus Schlafmangel.
Ich habe Angst, dass Grace es kurz vor dem Ziel nicht schaffen könnte, dass sie aufgibt oder zusammenbricht, dass sie sich aus dem Fenster stürzt, auch daran denke ich manchmal sogar.
Ich habe ihr gesagt: Grace, überleg doch, wofür tust du das? Sags mir! Sag es mir Grace, du willst arbeiten können, frei, du willst denken können, du willst leben können, du stehst kurz vor der Freiheit, Grace!
Willst du kurz vor dem Ziel aufgeben!

Pat, ich muss aufhören, ich denke an dich, ich vermisse dich, deine Helen

Tanger, am 22. März 2010

Meine lieben Eltern,
ihr fehlt mir, wie noch nie in meinem Leben.
Daher werde ich diesen Brief nicht schreiben.
Sondern erst, wenn es mir wieder gut geht und ihr mir wieder weniger fehlt.

Ich wusste nicht, wie einsam es ist, wenn du das Land verlässt, in dem du aufgewachsen bist, das Land, in dem die Menschen leben, mit denen du zwanzig Jahre deines Lebens verbracht hast. Jeder, der geht, verlässt eine Welt, die er mit allen, die er auf

dieser langen Reise antrifft, nie teilen wird können. Jeder einzelne von ihnen trägt einsam eine solche Welt in sich. Fremd wirst du aber auch denen werden, mit denen du sie einmal geteilt hast. Denn das, was du auf deiner Reise erfährst und zu sehen bekommst, wirst du mit ihnen niemals teilen können. Es wird dich von den anderen für immer trennen. Du wirst zu einer eigenen Gattung, einer Gattung, die es im gesamten Universum nur ein einziges Mal gibt, und dieses einzige Exemplar bist du bis ans Ende deines Lebens.
Helen

Tanger, 25. März 2010

Liebe Pat,
ich habe mit Vincent über Grace gesprochen. Ich habe ihm klar gemacht, dass sie es so nicht mehr lange aushalten wird. Ich habe ihm sehr nahegelegt, dass er sie besser heute als morgen auf ein Schiff packen soll, wenn er verhindern möchte, dass seine Pension bald öffentliches Aufsehen erregen wird. Vincent ist nicht dumm und er weiß, dass er riskiert, seine tolle Pension schließen zu müssen.
Er sagte, man muss Geduld haben, auch die Wachmänner müssen immer vorsichtiger sein, dafür verlangen sie meistens noch eine Sonderprämie von uns. Ich weiß, wer die zu beschaffen hat.
Die Geduld, die er meint, die zahlen die Frauen mit einem bangen Körper.
Man muss abwarten, bis das Meer ruhig ist, sagte er dann. Und ich sagte: Vincent. Das sagen alle. Nur: Grace kann nicht mehr warten. Grace ist in einem ernsthaften Zustand,

in dem alles möglich ist und in dem Grace zu allem in der
Lage ist.
Vincent kennt eine Menge Leute, die hier ein und ausgehen,
und er hat mir schließlich ein Angebot gemacht. Er will ihr
die Überfahrt bezahlen und ihr für die erste Zeit in Europa
Geld geben, das sie ihm langsam abbezahlen kann. Wir ha-
ben alles in einem Vertrag festgehalten.
Ich weiß inzwischen auch, was solche Verträge bedeuten.
Grace hat die Summe, um die es geht, mehr als nur abbe-
zahlt, wenn sie das Schiff besteigt. Wenn sie drüben ist, gibt
es nichts mehr, das sie bindet.
Aber das muss Vincent ja nicht wissen.
Zuletzt sagte er: „Sie soll sich bereithalten, es kann bald los-
gehen."
Es geht also bald los.

Deine Helen

Liebe Eltern,
vom Schminktisch aus seh ich einen Leuchtturm und eine
Ortschaft, die sich über einen Hügel hochzieht; nachts,
wenn nur die Lichter zu sehen sind, stelle ich mir hinter
den Fenstern der Häuser die Menschen und Familien vor,
die gerade zu Abend essen oder fernsehen. Alles bekommt
dann einen Sinn, vor allem, wenn dann noch der Mond auf-
geht.
Auf dem Bett liegen meine Sachen in einer Plastiktüte, die
fest umschnürt ist. Wenn es heißt, jetzt geht es los, dann ge-

nügt ein Griff zur Plastiktüte, und ich bin weg. Wenn ich einen Blick darauf werfe, klopft mein Herz wie wild.

Ich muss aufhören.

Eure Helen

III. Teil

Im Zelt

Die dunkle Nacht hebt die Grenze zwischen Meer und Himmel auf. Alles ist gleich schwarz. Erst in Strandnähe trennen die weißen Schaumwellen den Boden vom Himmel. Das Rauschen des Meeres gibt sich ewig, während nichts geschieht. Es ist ein Rauschen, das sich kilometerweit ins Landesinnere fortsetzt, über die Zäune der Anlage hinweg, mit ihren hellgrauen Baracken und den blauen Zelten, bis ins Innere der Zelte, bis direkt vor die Unterlage von Helen, auf der sie mit offenen Augen daliegt. Sie kann ihre Augen nicht schließen. Ihre Hände liegen auf ihrem Bauch, sie spürt ihr Herz klopfen.

Hier bin ich jetzt. Ich bin jetzt also hier.

Seit Stunden kreist dieser Gedanke in ihrem Kopf. Für einen anderen ist sie zu erschöpft. Neben ihr schlafen acht weitere Frauen.

Tarifa, Spanien, Europa, am 12. April 2010

*Liebe Mutter, lieber Vater, lieber Victor, kleiner Bruder, liebe
Pat,*
ich bin in Europa. Ich habs geschafft.
*Als wir an den Strand kamen, tat ich das, was am mutigsten
ist.*
*Ich bin stehen geblieben und habe darauf gewartet, dass mich
die Guardia Civil in Gewahrsam nimmt.*
*Die meisten sind den Hang hoch gelaufen und in einem nahe
gelegenen Wäldchen verschwunden. Geblieben sind die, die
von der Überfahrt zu erschöpft waren, um sich noch auf den
eigenen Beinen halten zu können. Mir ging es gut, aber ich
wollte nirgendwohin verschwinden. Ich wollte sichtbar sein.
Ich wollte gesehen werden. Und ich wollte nicht, dass mein
erster Schritt in Europa ein verbotener ist.*
*Aber ich wusste auch, dass einer jungen schwangeren Frau,
die nichts weiter will, als an Land zu gehen, nichts Böses geschehen kann. Jedenfalls nicht von Europäern.*
*Ich stand also da, um zu verschnaufen und querte dann lang-
sam den Strand. Da sah ich auch schon das Blaulicht der Polizeiautos und wenig später, wie sie mit rasender Geschwindigkeit an den Strand gefahren kamen.*
*Ein erster Polizist kam auf mich zu, schwer und bedächtig
kam er mir entgegen, in der rechten Hand trug er einen
Schlagstock, den er in die Innenfläche seiner linken Hand
schlug, so, als wollte er mir drohen.*
Ich konnte kaum mehr atmen vor Angst.
*Dann aber geschah etwas Unglaubliches. Der Polizist, der
eben noch diesen Stock in seine Hand klatschte, klemmte diesen Stock plötzlich unter sein Kinn und tat so, als wollte er*

Geige spielen. Als wollte er mir ein Ständchen bringen. Dann
grinste er. Ich war wie betäubt.
Er winkte dann einem Sanitäter, der brachte mir eine Decke,
die er über mich legte, und begleitet von den beiden wurde
ich dann zur Ambulanz gebracht.
Ich erwarte ein Kind. Ich hab es euch bisher noch nicht verra-
ten. Es wird der erste Europäer in unserer Familie sein.
Eines Tages werde ich ihm erzählen, welche Reise es schon
zurückgelegt hat, noch bevor es auf die Welt gekommen ist.
Ich werde ihn Benjamin nennen, wenn es ein Junge wird.
Das Mädchen werde ich Grace nennen.
Vater, als das Meer unruhig wurde und die ersten Wellen ins
Boot schwappten, was hab ich da wohl gemacht? Ja, du hast
Recht! Genau das, was du mir prophezeit hast: ,Du wirst in
deinem Leben in Situationen geraten, in denen du froh sein
wirst, zu Gott beten zu können. Also schick Gott nicht vorei-
lig weg, jedenfalls nicht, bevor du in Europa bist.'
Ja, ich habe angefangen zu beten. So, wie die anderen auch.
Zuerst leise, dann laut. Je höher die Wellen, umso lauter wur-
den die Gebete.
Schließlich stimmte ich sogar in die Gesänge mit ein. Du
wirst es kaum glauben, ich habe zusammen mit den anderen
gesungen, laut, lauter als der Wind, der um unsere Ohren
pfiff, lauter, als der Regen, der auf uns niederpeitschte, lauter
und lauter wurden wir, während unser Boot wie eine kleine
Nussschale über die Wellen hüpfte.
Ich kann dir aber nicht sicher sagen, welcher Gott das immer
war, den wir angerufen haben, ich schätze, es waren alle Göt-
ter dabei, aber wir haben sie auch alle zusammen nötig ge-
habt.
Am frühen Morgen, es war noch dunkel, hatte der Sturm

nachgelassen, das Meer hatte sich beruhigt, der Motor tuckerte etwas schwächer als am Anfang, aber er tuckerte.

Es war keiner über Bord gegangen, keiner von diesen fast hundertfünfzig Menschen in diesem vollkommen überfüllten Boot. Ich habe mich während der Überfahrt ein paar Mal übergeben, und dann plagte mich ein entsetzlicher Durst. Doch ich war am Leben. Wir haben alle überlebt.

Liebe Pat,
es war noch still und leer, als wir im Morgengrauen an den Strand kamen. Langsam begann es Tag zu werden. Manche, die konnten, rannten los, über den Strand den Hügel hoch, bis man sie nicht mehr sah.

Ich blieb zitternd stehen; doch lieber, als mit den Schleppern, wollte ich es mit der Polizei zu tun bekommen.

Es dauerte nicht lange, da sah ich die Lichtkegel von Autos über den Strand eilen, gleich darauf erkannte man die Polizeiautos und den Rettungswagen.

Lichtstative wurden aufgestellt und Lichtfluter, die auf uns gerichtet waren.

Es waren sicher an die fünfzig Menschen, die nach und nach auf dem Strand eintrafen. Scheinwerfer wurden auf uns gerichtet, die Lichter von Kameras blitzten auf, wir wurden in den Decken fotografiert, die sie uns gebracht hatten und in denen wir wohl wie Elendsgestalten gewirkt haben müssen.

Wir waren in graue Decken des spanischen Militärs gehüllt und sahen bestimmt nicht sonderlich frisch aus.

Alles verlief hektisch und gleichzeitig schweigsam und routiniert. Es kam mir vor, als wären wir schon öfter angekommen.

Journalisten waren darunter; Ärzte vom Roten Kreuz unter-

suchten uns; manche wurden sofort ins Krankenhaus ge-
bracht.
Für die, die sich gerade noch halten konnten, stand auch
schon ein Bus bereit. Im Gänsemarsch torkelten wir zum
Bus, wir stiegen ein, setzten uns hin und schauten durch die
verdunkelten Scheiben auf das Geschehen da draußen.
Immer größer wurden jetzt die Autos, die an den Strand ka-
men. Personen stiegen aus, die sich ihre Krawatten und ihren
Anzug zurechtrückten, um gleich darauf in Mikrofone zu spre-
chen.
Weil auch die Reporter immer mehr wurden, gab es keinen
mehr, der nicht in ein Mikrofon sprach. Alle, die nicht Repor-
ter waren, wurden von Reportern interviewt. Am begehrte-
sten waren die Polizisten, die sprachen nicht nur in ein, son-
dern in ganze Sträuße von Mikrofonen.
Alle schienen gerade unendlich viel zu erklären. Dabei waren
sie aber erst vor ein paar Minuten eingetroffen. Was hatten
die jetzt schon so viel zu erklären, wo sie doch mit uns kein
Wort gewechselt hatten?
Politiker und Polizisten sprachen miteinander, sie gestikulier-
ten wild durcheinander und mussten wohl viel zu debattieren
haben.
Worüber sie sich wohl gerade so heftig unterhielten?
Es hat mich an Bilder im Fernsehen erinnert, an eine Sen-
dung, bei der es um Massengräber ging, die gerade entdeckt
worden waren.
Sie sprachen in Mikrofone und sie kritzelten in Notizblöcke,
sie telefonierten mit Handys und mit Funkgeräten, während
sie auf das Meer schauten, als erwarteten sie gleich die näch-
sten.
Auch die Kameras wurden immer wieder aufs Meer gerichtet.

Für uns schien sich niemand zu interessieren. Nur manchmal noch schwenkte ein Fluter sein grelles Licht zu uns, die wir im Bus saßen und durch die getönten Scheiben schweigend verfolgten, was sich auf dem Strand abspielte.

Es war ein einziges Theater, nur dass wir nicht mehr dabei waren.

Dabei haben wir doch für den Anlass gesorgt. Welches Theaterstück wird da gespielt, bei dem wir den Anlass geben, aber selbst nicht vorkommen?

Ich habe noch keine Antwort gefunden. Vielleicht wollten sie uns schonen, und so wie wir aussahen, in diesen Decken, wie die letzten Geretteten dieser Welt, könnten sie leicht gedacht haben, dass wir geschont werden müssen. Ich hätte trotzdem gerne mit ihnen gesprochen. Und ich wäre auch gerne etwas gefragt worden.

Das war schließlich meine Fahrt. Ich saß im Boot, ich habe in dieses tiefe dunkle Wasser gesehen, es waren meine Hände, die sich am Bootsrand festgeklammert haben, bis die Fingerkuppen blutig waren, ich habe gebetet, obwohl ich schon lange nicht mehr an Gott glauben wollte, ich habe um ein Leben gebangt, und es waren meine Augen, die sich vor Glück füllten, als wir die Küste erkennen konnten.

Von uns aber wurden nur die Fingerabdrücke abgenommen.

Am nächsten Tag konnten wir über uns in der Zeitung lesen. Es war ein kleiner Bericht mit einem großen Bild, das ein schmales dünnes Boot mit spitzem Bug vorne und hinten zeigte, ich glaube, diese Dinger werden Piroggen genannt; es war jedenfalls völlig überfüllt, aber es war nicht das Boot, in dem wir saßen, und es waren auch nicht wir, die da gezeigt wurden. Es muss offenbar irgendein Bild von einer Presseagentur gewesen sein.

*Auch im Fernsehen wurde kurz über uns berichtet, wir zisch-
ten als News herein und wieder ab, aber es ging zu schnell,
um sagen zu können, das waren wir, die da gezeigt wurden,
es könnte auch irgendein Bericht gewesen sein, der zu solchen Anlässen gezeigt wird. In der Kürze der Nachricht würde das keiner bemerken.*

*Ich wohne auf einem riesigen Gelände. Hier warte ich, dass
meine Papiere geprüft werden und ich gehen kann.*

*Wenn nachts das Licht der Anlage durch das Fenster fällt,
stelle ich mir vor, wie ich auf einem großen Bett liege, mit
dem kleinen Benjamin neben mir. Es ist ein großer Raum, in
dem wir liegen, groß und mit wenigen, doch sehr schönen
Möbeln ausgestattet. Das Bett steht in der Mitte des Raums,
links an der Wand steht ein kleiner Schreibtisch mit ange-
machter Schreibtischlampe, ihr gelbes Licht gibt dem Raum
eine angenehme Wärme, die mit dem blauen Flimmern des
Fernsehlichts angenehm zusammenspielt. Der Kleine schläft
neben mir, während ich mir im Fernsehen einen Bericht anse-
he. Es ist nicht irgendein Bericht, es ist ein Bericht von mir.
Ich bin nervös und glücklich zugleich, es ist mein erster Bericht, den ich für ein europäisches Fernsehen gemacht habe.
Es sind verschiedene Menschen zu sehen, Afrikaner größten-
teils, sie sprechen ausführlich, sie berichten und erläutern, erklären und kommentieren, und während Kamera und Mikrofon keine Eile haben, entsteht vor uns das Bild der Menschen, die sprechen.*

*In der Küche höre ich Sam hantieren, er will gleich kommen,
nur ist ihm gerade das Fleisch, das er für das eritreische Essen
mir zu Ehren zubereiten wollte, halb verbrannt. Es ist zum ersten Mal, dass er eritreisch kocht, er muss es wohl verlernt ha-*

ben, oder er hat es nie richtig gelernt und muss es jetzt nach-
holen. Aber das Chili mit Yams ist genau so, wie ich es mir
wünsche, scharf und heiß. Bald wird es so sein. *Deine Helen*

Die Wände des Zeltes, in dem Helen sich befindet, werden
von einem Windstoß erfasst, der sie wieder in die Gegenwart
des Lagers zurückführt.

Die meisten hier nennen das Flüchtlingscamp ein Gefängnis.
Weil sie auf verdreckten Matratzen liegen oder auf Planen,
weil sie durch Matsch laufen, wenn es regnet, weil die paar
Toiletten immer verstopft und am Überlaufen sind, weil sie
das Lager nicht verlassen dürfen, weil sie die Tage sinnlos ab-
sitzen, die Stunden, die Minuten.
Doch wäre das hier wirklich ein Gefängnis, müssten sie krimi-
nell sein, sie müssten etwas verbrochen haben, aber das ha-
ben sie nicht. Niemand ist hier, weil er etwas verbrochen hat.

– Wenn ihr das hier also ein Gefängnis nennen wollt, dann
müsst ihr offenbar afrikanische Gefängnisse im Kopf haben,
nicht europäische. Nur in Afrika ist es möglich, dass du ohne
Grund und ohne kriminell zu sein, im Gefängnis sitzt. Ihr
verwechselt dieses Lager hier mit einem afrikanischen Gefängnis. Aber erstens sind wir in Europa. Und zweitens sind wir
in keinem europäischen Gefängnis.

In einem europäischen Gefängnis bin ich, wenn ich eine
Schuld abzutragen habe, und nur diese Schuld rechtfertigt es
in Europa, dass ich im Gefängnis bin. In einem europäischen
Gefängnis weiß ich, wie lange ich drin bin und wann man mir
die Türen wieder öffnen wird. Denn ich kenne mein Gerichts-
urteil. Und zwar deshalb, weil es einen Prozess gegeben hat,

eine Verhandlung mit einem Rechtsanwalt, der auf meiner Seite stand, einen Richter, der neutral ist, und eine Verhandlung, bei der zuletzt ein gerechtes Urteil gesprochen wird. In einem europäischen Gefängnis weiß ich, warum ich verurteilt wurde. Auch, wenn ich meine Schuld anders beurteile, ich kann zumindest die Gründe nachvollziehen, die zum Urteil geführt haben. Das alles unterscheidet ein europäisches Gefängnis von einem afrikanischen, in die das man dich auch ohne jede Angabe von Gründen wegsperren kann oder, was noch schlimmer ist, wo man dir einfach irgendwelche Gründe unterschieben kann. Und das ist auch der Grund, warum dieses hier kein Gefängnis sein kann. Jedenfalls kein europäisches, weil wir nichts verbrochen haben und uns auch nichts angelastet wird. Ein afrikanisches Gefängnis kann es aber auch nicht sein, einfach deshalb, weil wir in Europa sind!

– Und was ist es dann? Eine Hotelanlage all-inclusive? fragt Tabita, die schon die ganze Zeit über, während Helen sprach, mit dem Kopf geschüttelt hat.
– Es ist ein Aufnahmelager. Sonst nichts.
– Wie aber erklärst du dir, dass es hier nicht weniger verpestet stinkt als in einem afrikanischen Gefängnis? Wie erklärst du dir, dass der herablassende und willfährige Befehlston der Wachleute nicht anders ist, als der in einem afrikanischen Gefängnis?
Wie erklärst du dir, dass sie genauso korrupt sind wie dort? Genauso rassistisch und genauso gewalttätig?
Und wie erklärst du dir, dass wir Frauen uns vor ihnen nicht weniger fürchten müssen, als vor den Wachleuten in einem afrikanischen Gefängnis?
– Es sind nicht Wachleute, das sind Sozialarbeiter.

– Come on, Helen, wach auf! Ich war in einem kongolesischen, einem marokkanischen und einem algerischen Gefängnis, ich wurde in Mauretanien in ein Kellerloch gesteckt, und ich habe sogar ein libysches Gefängnis erlebt, und jeder weiß, dass die zum Schlimmsten gehören, was diese Welt für Flüchtlinge zu bieten hat. Dieses Lager hier ist zwar kein libysches Gefängnis, aber der Unterschied ist nicht groß. Es könnte auch in Libyen sein. Ja! Einige Dinge erinnern mich tatsächlich an libysche Verhältnisse. Wenn einer vor mir ausspuckt, weil seine Hautfarbe einen Tick weißer ist, dann könnte ich auch in Libyen sein. Aber das ist es nicht allein. Keiner sagt uns etwas, keiner macht sich die Mühe mit uns zu sprechen, die Art, wie wir zusammengepfercht gehalten werden, wie Geflügel, gleichgültig, sinnlos, zeitlos, das unterscheidet dieses europäische Lager nicht groß von einer stumpfen Gefängnisbehausung in einem diktatorisch geführten afrikanischen Land.

– Hör auf!

– Helen! Hör auf, dir etwas vorzumachen. Wir sind hier in Afrika! In AFRIKA! Verstehst du! AFRIKA!

Auch wenn es sich Europa nennt. Das hat sich zwar niemand von uns so vorgestellt, aber es ist so.

Wer hinschaut, sieht hier AFRIKA!

Für Helen ist es unerträglich sich vorzustellen, dass es wahr sein könnte, was Tabita behauptet.

Mit ihren Handflächen macht Helen zuerst kleine, dann immer größer werdende Kreise auf ihrem Bauch, bis sich langsam diese trostlose Vorstellung in Luft auflöst.

Doch etwas quält sie, seit sie hier ist, ein Gedanke, vielmehr ein Gerücht, das sich hartnäckig hält, und das sich am schwersten verscheuchen lässt.

Es wird behauptet, dass man lange, sehr lange sogar auf einen Bescheid warten müsse, der klärt, ob man vorläufig bleiben kann oder nicht. Dass sie unabsehbare Zeit in einem Lager eingesperrt bleibt, und dieser Zustand sogar Jahre dauern könnte, lastet auf ihr wie ein schweres Gewicht.

Doch das muss nicht für alle zutreffen. Es kann gar nicht für alle zutreffen, jedenfalls nicht für mich. Ich erwarte ein Kind, und auch, wenn die Bürokratie Ewigkeiten beansprucht, ein Kind tut das nicht, ein Kind kommt einfach. Ein Kind hat seine neun Monate, dann will es in die Welt und leben. Mit einem Kind werden sie mich gesondert behandeln müssen, es bleibt ihnen nichts anderes übrig. Wie sollte es anders sein?

Ein weiterer Windstoß peitscht gegen die Zeltplane, Helen umfasst ihren Bauch, als wollte sie ihn festhalten und beschützen.

Nein, für uns trifft das nicht zu, nicht wahr, kleiner Benjamin.
Du kannst es ja jetzt schon kaum erwarten, auf die Welt zu kommen.
Du bist heute sehr lebendig und scheinst dich nicht beruhigen zu wollen. Als würdest du jetzt schon gegen Wände ankämpfen, die dich begrenzen wollen.
Warte doch noch, so schlecht hast du es nicht in meinem Bauch.
Die Welt wirst du noch lange sehen können. Es wird eine schöne Welt sein, die dich erwartet. Du wirst in Freiheit geboren sein, du wirst Perspektiven haben, du wirst herausfinden,

was du besonders gut kannst, was dich besonders anspricht, welche Begabungen du hast. Du wirst entdecken, was dich glücklich macht, was dir Freude bereitet oder was dich zum Lachen bringt.

Du wirst so vieles sehen, Tag für Tag Neues. Du wirst die Welt entdecken und sehen, wie unterschiedlich sie aussieht, mit ihren Pflanzen und den Bäumen und den Bergen und den Meeren. Du wirst das Meer sehen, ein friedliches Meer wirst du zu sehen kriegen, an das die Menschen gehen, um sich zu erholen, um in der Sonne zu liegen, um zu schwimmen, um sich frei zu fühlen.

Ein heftiger Krampf lässt Helen auffahren. Ihre Hände werden heiß, die Stirn perlt. Was ist nur heute mit ihm los?

Plötzlich fällt ihr die Tablette ein, die ihr Lucia, eine Angestellte im Lager, heute Vormittag nach einer flüchtigen Kontrolle in die Hand gedrückt hatte.

Das sollte mich doch nur beruhigen. Stattdessen wütet es immer wilder in meinem Bauch. Was ist los, kleiner Benjamin, was gefällt dir nicht, oder ist es nur das Wetter, das dich beunruhigt, der Sturm, beängstigt er dich, so wie er junge Hunde beängstigt? Du bist doch bei mir gut aufgehoben, was quält dich so?

Ein neuer Krampf lässt sie aufschreien.

Tabita schreckt aus dem Schlaf, mit halb offenen Augen sieht sie kurz zu Helen hinüber, lässt sich aber gleich von ihrer schweren Müdigkeit wieder zurückholen. Helen fasst sich an die nasse Stirn, es wird ihr Angst und Bange, denn das kleine Wesen in ihrem Bauch bewegt sich immer heftiger, als kämpfe es gleichzeitig nicht nur gegen eine, sondern gleich gegen mehrere böse Mächte an. Ihr Unterleib verkrampft sich. Helen versucht leise zu atmen, doch der Schmerz, der sich in ihrem Rücken festmacht, lässt sie kaum atmen. Und wieder scheint sich der ganze Mutterleib in ihr zu drehen und anschließend in einem Krampf zu enden, der immer länger anhält und sich bald gar nicht mehr zu lösen scheint. Helen wimmert vor Schmerzen, aus ihren Augen laufen Tränen. Wieder öffnet Tabita die Augen. Sie verfolgt Helen, die gerade versucht, ihren verkrampften Körper so weit zu bewegen, dass sie ihren schweißnassen Kopf aus dem Zelt stecken kann, um Luft zu holen.

Doch ein weiterer Krampf zieht ihren Körper dermaßen hart zusammen, dass sie kaum Luft bekommt. Sie ist kurz davor, ohnmächtig zu werden. Tabita kriecht zu Helen hinüber, sie dreht sie auf den Rücken, streckt ihre Beine aus und klatscht gegen ihre Wangen. Sie öffnet das Zelt, ein Windstoß bläht es kurz auf, zwei Schlafende, die davon wach wurden, protestieren verärgert, schlafen aber gleich wieder ein. Helen öffnet langsam wieder die Augen, die in Tränenflüssigkeit baden.

Die heftigen Bewegungen in ihrem Bauch haben nachgelassen.

– Helen, flüstert Tabita, Helen, es sieht so aus, als würdest du die Wehen haben.

Helen sieht Tabita regungslos in die Augen.

– Das wäre zu früh, das wäre viel zu früh.

Tabita erwidert nichts.

Helen dreht ihren Kopf zur Seite. Eine Träne läuft über ihre Wange.

– Was war das für eine Tablette, die sie mir heute gegeben haben?
– Was für eine Tablette?
– Lucia hat mir heute eine Tablette gegeben. Zur Stärkung der Gebärmutter, sagte sie.
– Du wirst dich auf die nächste Wehe vorbereiten müssen, sie werden von jetzt an heftiger. Hast du genug Wasser zum Trinken?
– Es hat aufgehört.
– Gut.
– Ich spür nichts mehr.
– Die kommen schon noch, mach dich gefasst.

Aber in Helens Bauch regt sich nichts mehr.

– Ich spür nichts mehr, Tabita. Ich spür nichts mehr.
– Das ist doch gut. Dann hat es sich wieder beruhigt, Helen. Es wäre viel zu früh gewesen.
– Es ist so ruhig geworden, und still.
– Das ist gut Helen, leg dich wieder aufs Ohr und schlaf.
– Ich spür nichts mehr, ich spür auch das Kind nicht mehr.
– Es wird schlafen.

Helen versucht vergeblich, sich zu beruhigen. Etwas stimmt nicht. Die plötzliche Stille ist ihr unheimlich. Dann spürt Helen eine warme Flüssigkeit zwischen ihren Beinen, die langsam aus ihr herausläuft.

Im Krankenzimmer

Tarifa, 1. Mai 2010

Liebe Eltern,
ich bin in ein Krankenhaus gebracht worden, etwas sollte an
meiner Schwangerschaft untersucht werden.
Zuvor hatte man mir eine Tablette gegeben, zur Stärkung,
wie sie mir sagten. Nur weiß ich nicht, was geschehen ist,
statt die Gebärmutter mit dem Fötus zu stärken, wurde sie
zerstört. Möglicherweise habe ich diese Tablette nicht vertra-
gen, oder sie war zu stark dosiert. Es haben Blutungen einge-
setzt. Ich habe das Kind verloren.
Die Menschen sind freundlich zu mir, als spürten sie meinen
Schmerz.
Besonders Lucia, der Krankenschwester, die mir die
Tablette gegeben hatte, geht es sehr nahe. Ich habe sie
weinen sehen, einmal, nachdem sie gerade mein Zimmer
verlassen hatte und die Tür noch einen Spalt aufgeblieben
war, sah ich, wie sie ein Taschentuch in ihr Gesicht
drückte.

Auch von Tabita muss ich euch erzählen, sie wachte die ganze Nacht über bei mir und lief, sobald es Tag wurde, zum Personal, und dann kam Lucia mit zwei Männern von der Rettung vorbei, die mich ins Krankenhaus brachten.
Lucia hat mich noch am selben Nachmittag besucht, gleich, nachdem ihre Schicht im Lager zu Ende war, kam sie ins Krankenhaus zu mir. Sie hat mich an die Brust genommen und an sich gedrückt, und als ich weinen musste, nahm sie ein Taschentuch und trocknete mir die Augen. Sie hat mir außerdem eine ganze Tasche voller Sachen fürs Krankenhaus mitgebracht, T-Shirts, ein Nachthemd, einen Morgenmantel, zwei Paar Flipflops, ein Paar Jeans waren auch darunter und eine leichte Jacke zum Überziehen.
Es wird bald wieder besser sein.
Eure Helen

– Helen, ich möchte mit dir sprechen. Hör zu. Ich kenne deine Akte. Es sieht nicht gut aus.

– Was heißt das?

– Du wirst nicht bleiben können, auch nicht für die Zeit eines Prüfungsverfahrens. Dein Antrag auf Asyl wird abgelehnt werden, und zwar ungeprüft, du kannst nicht ausreichende Gründe nennen.

– Ich kann dir genug Gründe nennen.

– Ich weiß Helen, aber persönliche ...

– Persönliche? Ich kann in Lagos nicht so arbeiten, wie ich es möchte, ich habe null Perspektiven!

– Du bist nicht vor Gewalt geflohen, du bist freiwillig gegangen, du bist nicht verfolgt worden und warst auch nicht wirklich politisch organisiert.

Helen wirft ihr einen scharfen Blick zu.

– Ich weiß, dass du das warst, aber nur als Schreibende, als Journalistin, die immer weniger veröffentlicht hat –

– oder veröffentlichen konnte! Frag dich doch, warum das so war!

– Ob ich mich das frag oder nicht, wird auf deinen Bescheid keinen Einfluss haben.

Du hast dich nicht in ihrem Sinne politisch organisiert, jedenfalls nicht so, dass es als Grund ausreicht, um hier zu sein, du warst nicht Teil einer oppositionellen Partei – und selbst da müsstest du der Elite angehören.

– Was heißt das?

– Eine Chance auf eine Prüfung des Antrags hat nur, wer politisch organisiert war, und das auf Spitzenebene, nicht nur in der Basis. Wärst du entsprechend verfolgt worden ...

– Es werden auch Leute in der Basis *entsprechend* verfolgt.

– Aber das bist du alles nicht, Helen.

Helen. Du hättest denen nicht einfach nur die Wahrheit sagen sollen. Niemand kommt durch ein Asylverfahren, wenn er nur seine Wahrheit sagt. Das sind strenge Auswahlkriterien.

– Ich bin nicht nach Europa gegangen, um zu lügen. Dann hätte ich auch in Nigeria bleiben können.

– Du wirst nicht verfolgt, du bist nicht gewaltsam hier, du bist kein Flüchtling, du bist nur ein Migrant, das heißt, du kannst wieder zurückgehen – jedenfalls in ihren Augen – oder, falls du es nicht freiwillig tust, abgeschoben werden, und davor, Helen, davor wollte ich dich warnen.

– Warum?

– Warum?

Lucia senkt den Blick zu Boden.

– Es gibt noch etwas, Helen, das es dir erschweren wird. Du hast jetzt auch kein Kind mehr ...

Lucias Stimme bricht hier ab. Helen sieht regungslos zu ihr hinüber.

– Was willst du sagen?

– Mit dem Kind hätte man einem vorläufigen Bleibereicht aus humanitären Gründen zugestimmt, weil Mütter, deren Kinder in Spanien geboren werden, nicht ausgewiesen werden – sie werden geduldet.

– Was war das für eine Tablette, die mir gegeben wurde?

– Helen, du wirst in den nächsten fünf Tagen einen Bescheid bekommen, in dem es heißen wird, dass dein Antrag auf Asyl nicht ausreichend gute Gründe enthält, um einer Prüfung standzuhalten. Du wirst aufgefordert werden, das Land zu verlassen oder du musst damit rechnen, gewaltsam abgeschoben zu werden. Du wirst zurückgebracht.

– Wohin zurück?

– Wahrscheinlich nach Marokko.

– Oder?

– Je nachdem, wie die Polizei in Marokko mit dir verfährt, du bist Nigerianerin. Wahrscheinlich bringen sie dich an eine der Grenzen und fordern dich auf, das Land zu verlassen, im nächsten Land wird es dir nicht anders ergehen, und so weiter. Sie sind aber auch berechtigt, dich ins Gefängnis zu stecken, aber ich nehme an, dass du dich in diesen Dingen besser auskennst.

– Ich wollte es von dir hören.

Lucia schweigt betroffen.

– Helen. Ich möchte dir helfen.

– Du willst mir helfen?

– Hör zu, du wirst morgen entlassen werden. Man wird dich abholen und ins Lager zurückbringen, dann ist es zu spät.

– Was macht ihr nur, ihr geht mit uns um wie mit Elendsgestalten.

– Helen, wenn du jetzt nicht reagierst, wirst du ...

– Was? Zurückgebracht, abgeschoben, in ein Gefängnis geworfen, in die Wüste abgestellt?

– Genau das. Du wirst dich wiederfinden, wo du vor einigen Monaten warst, mit dem Unterschied, dass du bald immer weniger zu verlieren haben wirst.

Helen schlägt die Augen zu Boden.

– Du solltest jetzt besser den Mund halten.

– Was ich dir sagen will ist: Solange du im Krankenhaus bist, hast du eine gewisse Freiheit. Im Lager wirst du auf kurz oder lang zurückgebracht werden.

Helen. Ich muss jetzt gehen. Aber denk darüber nach.

– Ich soll einfach verschwinden?

– Zieh dir den Morgenmantel über, den ich dir gegeben habe, darunter die Jeans und ein T-Shirt, den Rest packst du in die Tasche, die nehm ich mit. Du ziehst dir den Morgenmantel über, du gehst durch den Flur, gehst immer dem Zeichen „Exit" nach, so, als würdest du spazieren gehen, oder eine rauchen. Kurz vor dem Eingang gehst du nicht geradeaus durch den Haupteingang, sondern nach links, dort, wo die Türen in den Park des Krankenhauses führen, wenn du die Pinien siehst, bist du richtig, kein Mensch wird sich etwas denken. Du gehst geradeaus durch den Park, bis du mich auf einer Bank sitzen siehst. Du setzt dich zu mir, in einem günstigen Moment ziehst du dir den Morgenmantel aus und steckst ihn in die Tasche neben dir.

– Wann?
– In einer halben Stunde.
– Ich war seither noch nicht wieder auf den Beinen – außerdem ...
– außerdem?
– Pass ich denn in deine Jeans?
– Du fragst mich, ob du ... Helen, du bist knochendürr.

Helen sieht Lucia in die Augen, als wolle sie ihr schweigend etwas verraten.

– Verstehst du nicht?

Ein verschämtes Grinsen fährt über Helens Gesicht. Lucia kneift die Augen zu, was meint sie, und warum grinst sie so verschämt?

– Lucia, ich hab Windeln an.
– Verstehe.

Helen lacht.

– Ich denke, du passt auch mit Windeln noch hinein.

Auch Lucia lächelt.

– Helen. Ein Bekannter von mir fährt jede Woche nach Deutschland, dort ist es besser für dich. Du kannst nochmal neu anfangen, mit einem neuen Namen und einer neuen Geschichte, erzähl ihnen etwas, das asylversprechender ist.

Im Lastwagen

Helen erwacht vom letzten Ruckeln des LKWs, bevor der Motor ausgeht. Es kommt ihr sehr still vor, seit sie wach ist, verglichen mit dem bewegten und geräuschvollen Schlaf in der Fahrerkabine.

Sie braucht lange, bis sie sich entschließt, die Augen zu öffnen. Der Fahrersitz ist leer, sie beugt sich ein wenig vor, im Seitenspiegel sieht sie ihn an einem Baum stehen und pinkeln. Es ist ein früher und frostiger Morgen, von seinem Urinstrahl steigt der Dampf in das neblige Morgengrauen. Sie sieht sich um, erst jetzt nimmt sie die Geräusche der Autobahn wahr. Auf der anderen Seite der Parkspur steht ein anderer riesengroßer Transporter, sie muss die Augen zusammenkneifen um zu erkennen, was er führt. Irgendetwas scheint sich darin zu bewegen, mal erkennt sie ein rosarotes nacktes Schlappohr, dann meint sie, die ein und andere rötliche Schnauze zu sehen, die vergeblich versucht, sich durch die schmalen Sauerstoffritzen nach draußen zu quetschen. Es sind Tiere, die da geladen sind, Schweine auf sieben Etagen. Der Lastwagenfahrer rückt sich die Hose zurecht und schnallt den Gürtel enger, so, dass sein Bauch sich darüber hinauswuchten kann. Er klopft kurz an die Scheibe und deutet ihr, dass er in die Raststätte geht.

– Coffee? You want Coffee?

Helen nickt. Etwas später wird er zurückkommen mit zwei Kaffees in Pappbechern, er wird sich auf seinen Sitz setzen und ihr den Kaffee nach hinten reichen. Sie werden an dem brühheißen Getränk so lange pusten, bis sie davon schlürfen können und zuletzt davon trinken. Sie wird die Wärme des Kaffees spüren und überlegen, welchen Grund es gibt, diesem Mann nicht zu trauen. Sie wird auf seine weiß behaarten Arme starren, die so kurz sind und so kräftig und die ihr die ganze Zeit Angst gemacht haben, seit sie mit ihm den Kopf dieses riesigen silberglänzenden Tankwagens teilt, seit sie an einer spanischen Raststätte in die Kabine hochgeklettert ist, seit sie sich zum ersten Mal in die Koje bewegt und sich hineingelegt hat. Inzwischen sind sie durch Spanien, Frankreich, Italien und durch Österreich gefahren, und vor einer Stunde haben sie die Grenze zu Deutschland passiert.

Hier bin ich jetzt also, denkt sich Helen, da, wo es laut Lucia am besten für mich ist, in Deutschland, weil in Deutschland alles besser ist, als in den südlichen Ländern und man mich in Deutschland mit mehr Würde und mehr Respekt behandeln würde, weil Rechte und Pflichten hier eingehalten würden, weil die Menschen hier mehr Verständnis hätten und insgesamt kultivierter und zivilisierter seien.
Immer Richtung Norden, immer weiter nach Norden, je weiter in den Norden, umso besser wird es werden.

Lieber Victor,
deine Augen würden dir aus dem Kopf fallen, wärst du dort,
wo ich gerade bin, in einem Cockpit nämlich, in der Fahrerka-
bine eines Riesenlasters, das du locker mit dem eines Flugzeugs
vergleichen kannst. Hier denken tausend Knöpfe mit, während
sich die riesengroßen Räder drehen. Das sind Räder, die du und
ich zusammen nicht zum Rollen brächten, die der Fahrer aber
mit seinen zwei kleinen Fingern manövrieren kann.

Nur, irgendwann wird dieser LKW-Fahrer seinen Tribut
verlangen, und diese Arme, die sie fast schon mag, weil sie
das, was sie täglich, stündlich, in jeder Minute und in jeder
Sekunde von ihnen befürchtet, noch nie getan haben, es wie
selbstverständlich nicht getan haben, als wären sie unschuldig.
Diese Arme werden trotzdem irgendwann ihren Tribut verlangen und zupacken und ihre Gewalt zeigen. Diese Män-
nerarme sind warm durchblutet, im Wesen aber doch kalt
zupackende Handlanger, mit Händen, die sie in die Wange
kneifen, die ihr auf den Hintern schlagen, die ihr den Ellen-
bogen nach hinten drehen oder ihre Pobacken auseinander-
reißen. Es sind die Arme des Grenzsoldaten, der sie mit einem
Griff im Nacken vor sich her in die Toilette schob, es sind die
Arme des Freiers, der sie, während er sie bäuchlings an die
Wand presste, ihren Kopf an den Haaren nach hinten riss, es
sind die Arme des Marokkaners, der sie ins Gesicht schlug,
während er sich in sie hineinrammte, es sind die Hände von
Ben, der ihre Beine wusch, nachdem sie sie vor Schmerzen
nicht mehr bewegen konnte.

Was hab ich davon, dass ich endlich dort angekommen bin,
wo ich immer hinwollte, um ein freies Leben zu haben, wenn

diese Arme mir im selben Moment beweisen werden, dass es
für sie keinen Unterschied macht, wo sie sich ihren Teil holen.

Der Lastwagenfahrer kehrt zurück mit zwei Bechern Kaffee,
einer Tüte Gebäck und einer Zehnerpackung Tempos. Helen
erstarrt beim Anblick der Papiertaschentücher. Wenn es etwas
gab, woran es ihr, seit sie in Europa ist, nicht gefehlt hat, dann
waren es Papiertaschentücher. In jedem Zimmer, in das sie
gebracht wurde, lagen Papiertaschentücher aus, oder es waren
diese dünnen Tücher, die einzeln aus den Packungen ragten.
Selbst die Freier hatten Papiertaschentücher mit. Im Kranken-
hauszimmer, in das sie nach der Frühgeburt gebracht wurde,
lagen Papiertaschentücher aus. Im Grunde gab es sie nicht erst
in Europa; schon in Tanger lagen die Packungen neben den
Betten, und das einzige neben dem Bett, was ihr die fette
Nigerianerin nach ihren Anweisungen in die Hand drückte,
waren Papiertaschentücher.

Der Fahrer klettert in die Kabine und reicht ihr einen
Becher Kaffee nach hinten. Mit seiner linken Hand zieht er
ein Croissant aus der Plastiktüte und hält ihr auch das Croissant hin. Doch Helen reagiert nicht.

– Coffee?

Erst jetzt nimmt Helen langsam den Becher in die Hand, sie
führt ihn mechanisch an ihre Lippen und verbrennt sich. Er
reicht ihr eine Flasche mit Wasser. Helen führt auch die
mechanisch an ihre Lippen.

Der Fahrer bemerkt die Veränderung an Helen, es ist
wieder dieser starre Blick, den er in den ersten Stunden an ihr
bemerkt hat, hart wie Beton, der sich später immer wieder

aufgelöst hat, wenn er anfing zu erzählen, wenn er anfing von den Landschaften zu erzählen, durch die sie gerade fuhren. Er hat ihr die Städte beschrieben, an denen sie vorüber fuhren, und hat gesehen, wie Helen langsam die Ohren aufspannte. Er hat ihr von der Entstehung der Berge berichtet und spätestens, als er ihr sagte, dass das alles mal ein Meer war zu einer Zeit, als es noch keine fünf, sondern nur zwei Kontinente gab, da sah er, wie die Augen von Helen ihren starren Blick verloren, ja, sogar ein Funkeln meinte er darin zu erkennen. Doch ganz unerwartet konnte dieser harte Blick wieder auf ihrem Gesicht sein, und er wusste nie, wodurch das ausgelöst wurde. Was war geschehen, seit er wieder in die Kabine geklettert war? Er sieht sich um, sieht auf die Croissants, auf die Papiertaschentücher, er sieht nach draußen auf den Viehtransporter.

– Look!

Er lacht und zeigt auf ein rosarotes Schwänzchen, das es offenbar an die frische Luft geschafft hatte, während sein dazugehöriges Hinterteil eingeklemmt zwischen den anderen im Transporter verharrte.

Er lacht noch immer. Helen sieht zu Boden, sie schämt sich. Ist sie jetzt nicht hier in dem Land, in dem sie den Menschen trauen kann?

Wird es, einmal in Europa angekommen, nicht anders sein? So anders, dass es keinen Grund mehr gibt, den Menschen nicht zu trauen?

Gerade juckt es ihm an der Nase, und noch ehe er ein Taschentuch zu fassen kriegt, niest er auch schon los. Er legt das Taschentuch großflächig auf sein Gesicht und schnäuzt kräftig hinein. Helen nimmt einen ersten wirklichen Schluck von dem Kaffee und spürt, wie die Wärme durch ihren Körper zieht. Er hält jetzt auch ihr ein Päckchen von den Taschentüchern hin, obwohl sie gar nicht niesen muss. Sie zögert, und wie sie es schließlich nimmt, freut er sich, als hätte sie gerade eine große Tat vollbracht.

– Good!, very good!

Meine lieben Eltern,
ihr habt mir beigebracht, an Engel zu glauben; warum aber
habt ihr mir nicht beigebracht, wie ich mit Gewissheit Engel
von Teufeln unterscheiden kann? Umso mehr, wenn es sich
um weiße handelt?
Der LKW-Fahrer hat ein freundliches, ein ehrliches Gesicht,
ein Gesicht, das geradesitzt, und das ganz ohne Hintergedan-
ken durch die Windschutzscheibe sieht und auf die Landschaf-
ten und Orte und Städte, an denen wir vorbeiziehen.
So, wie dieser Lastwagenfahrer die Welt ansieht, scheint
nichts Bedrohliches an ihr zu sein, man könnte also anneh-
men, dass auch an diesem Mann nichts Bedrohliches ist.
Wann soll man anfangen, Engeln zu vertrauen?
Stellt euch vor, ihr habt mit einem Engel zu tun und ihr er-
kennt ihn nicht? Sondern misstraut ihm ständig und glaubt
auch noch, es sei der Teufel. Und ein großer Teil dessen, was
er euch anbietet, schlagt ihr aus, weil ihr nicht wisst, dass es
die Geschenke eines Engels sind?
Er hat sich gerade zu mir nach hinten gedreht und mir eine
Flasche Wasser angeboten. Wir sind fast da, sagt er.

– Soon we arrive.

Das Funkgerät reißt sie aus dem monotonen Geräusch der Autobahn. Er nimmt es, ohne dass er hinsehen muss, von seiner Halterung und spricht hinein. Sofort melden sich dieselben unverständlichen Brocken Lärm und Rauschen wieder zurück.

Reden sie über mich? Hat er nicht gerade einen Blick durch den Rückspiegel auf mich geworfen?
Warum redet er über mich, jetzt, wo wir bald ankommen?
Weiß ich, wo das ist, wo wir ankommen?
Hat nicht Florence davor gewarnt, dass sie ihre Leute überall haben, ausgesät in ganz Europa? Dass sie dich nie aus den Augen lassen? Bis sie dich schließlich dort haben, wo du für sie hingehörst, ins Bordell? Und sind nicht Lastwagenfahrer besonders geeignet für diesen Handel?
Lastfahrer, die immer dieselben Routen fahren, von Südeuropa in den Norden.
Ist er nicht viel zu übertrieben freundlich?
Warum sollte er mich ständig zu Kaffee und Croissants einladen und überhaupt die ganze Zeit Geld für mich ausgeben, wenn nicht ein Geschäft dahinter steckte? Hast du einen, auch nur einen Menschen getroffen während deiner Reise, der dir geholfen hat, ohne dass er sich einen Profit davon versprach?
Wie viele gab es, die dich beraten haben, und wie viele, die dich ausgenommen haben?

Helen beschränkt sich darauf, nur an die erste Gruppe zu denken, an die, die ihr Hinweise und Ratschläge gaben, an

Isaac, den Priester, dem sie nicht glauben wollte, an Florence und an Lucia, an Ben, bei dem sie nie ganz herausbekommen wird, ob er ihr helfen oder ob er sie verkaufen wollte.

Warum grinst er mich so seltsam über den Rückspiegel an, seit er das Funkgerät wieder abgelegt hat? Er grinst viel zu oft. Und er grinst unsicher. Als habe er etwas zu verbergen. Ich bin jetzt in Europa, ich bin am Ziel. Wenn ich in Afrika Fehler machte, konnte ich nur mein Leben verlieren. Aber wenn ich jetzt leichtsinnig bin, verlier ich meine Zukunft.

– I have to go to the toilet.

Helen steigt aus dem Lastwagen und überquert den Parkhafen der LKWs. In der Raststätte sucht sie die Toiletten auf, sie huscht an der Frau vorbei, die neben einer leeren Untertasse die Kloschüsseln überwacht, und hält ihr Gesicht unter einen kalten Wasserstrahl. Dann setzt sie sich auf eine Toilette und überlegt. Nach einer Weile verlässt sie das Gebäude, sie hält sich dicht an der Hauswand, bis sie an einer menschenleeren Ecke das Gelände überquert, sich durch eine mannshohe Hecke zwängt, hinter der sie eine Böschung erwartet, die sie mit großen Sätzen hinunterspringt. Sie quert einen Acker und flüchtet sich in den angrenzenden Wald. Erst am nächsten Tag wird sie in die Kleinstadt finden, in der sie ohne Umschweife zur Polizei geht, der man, wie Lucia sagte, in Deutschland vertrauen kann.

Auf der Polizeiwacht

Liebe Eltern,

könnt ihr euch vorstellen, wo ich gerade sitze? Wohl kaum.
In einer Polizeiwache auf einer hölzernen Bank, und das
nicht, weil ich ins Gefängnis gebracht wurde, nein, in Europa
landet man bei der Polizei, wenn man Hilfe benötigt und
nicht, weil man weggesperrt werden soll, das ist schwer vor-
zustellen, nicht?
Ich habe getan, wozu mir Lucia geraten hat. Ich bin zur Poli-
zei und habe erklärt, dass ich Asyl beantragen möchte. Mein
Name ist jetzt Beth, ich komme aus Kenia, wo ich fliehen
musste, weil ich der Oppositionspartei angehörte und dort
ernsthaft um mein Leben fürchten musste. Ich war an der
höchsten Spitze der Oppositionspartei und bin entsprechend
wichtig, um verfolgt und getötet zu werden. Das ist wichtig,
sagte mir Lucia, denn nur so habe ich einen Anspruch auf
Asyl. Ich habe alles verloren, was man verlieren kann, nur
mein Leben konnte ich gerade noch rechtzeitig retten, und
ich kann nicht mehr zurück, auch das soll wichtig sein, ich
muss nämlich als Flüchtling angesehen werden, nicht als
Migrant, denn ein Migrant kann, wenn er will, auch wieder

zurück, ein Flüchtling aber darf das nicht können. So lauten die Richtlinien, sagte Lucia, nach denen man sich am besten richtet. Die Wahrheit zu sagen, meinte sie, wäre in meinem Fall fatal.

Das ist schon seltsam, da geh ich nach Europa, weil ich es leid bin, nicht über die Wahrheit schreiben zu können, sondern nur darüber was man sich in der Regierung vorstellt, und was muss ich, hier angekommen, als erstes tun: Ich soll mir eine Geschichte ausdenken, die der Behörde am ehrlichsten erscheint, weil sie meiner eigenen nicht glauben wollen. Es dauert wohl noch etwas mit der Wahrheit.

Ich dachte immer, dass alle Deutschen englisch sprechen würden, aber das ist ein Irrtum. Ich glaube nämlich, dass die beiden Polizisten kein Wort von dem verstanden, was ich ihnen erzählte.

Aber sie machten Augen, als ich in der Wache plötzlich vor ihnen stand und ihnen meine Geschichte erzählte. Ich glaube, von dem, was ich ihnen erzählte, verstanden sie nur das Wort Asyl.

Als ich fertig war, schwiegen sie, bis einer fragte: „Kenia?"

Ich nickte eifrig und begann gleich nochmal mit meiner Geschichte, also dass ich in Kenia um mein Leben fürchte, weil ich in der höchsten Ebene der Oppositionspartei undsoweiter. Da unterbrach er mich und meinte: „Tiger? Elefants?!"

Ich verstand zuerst nicht und sah ihn mit großen Augen an? „Tiger? Elefants?" Endlich verstand ich, was er meinte, und nickte wieder.

Da machte er mit seinem Arm ein Gewehr nach, zielte und schoss. Er war offensichtlich schon mal auf einer Großwildjagd in Kenia gewesen.

Von da an war ich ihm sofort sympathisch. Er muss schöne
Zeiten gehabt haben in Kenia. Vielleicht komm ich da ja
auch mal hin.
Er begleitete mich in den Warteraum und sagte: „Hier. Sit-
zen. Platz", er war der erste freundliche Polizist in meinem
Leben, und er wird vermutlich nicht der einzige sein. Ja. Hier
sitze ich jetzt also, seit ein paar Stunden.

Zwei Grenzpolizisten betreten den Raum und geben Helen
ein Zeichen, ihnen zu folgen. Sie geht mit ihnen vor das
Gebäude der Polizeiwacht, wo auch schon ein Wagen mit
aufgezogener Tür bereitsteht. Sie steigen ein, Helen nimmt in
der Mitte zwischen den beiden Polizisten Platz, die Tür wird
zugeschoben, ein Funkgerät wird besprochen und auf ein
Zeichen des Polizisten setzt der Fahrer den Wagen in Bewegung.

Victor, das müsstest du sehen, wie ich gerade höchstpersön-
lich von einer ganzen Polizeieskorte nach Frankfurt ins Hotel
gebracht werde. Bruderherz, du würdest endlich und endlich
für immer Respekt vor mir haben.
Die Männer schweigen, nur manchmal spricht einer in ein
rauschendes Funkgerät. Es dämmert, die Straßen sind nass
und verdreckt, wir fahren an Schneeresten vorbei, die, kurz
bevor sie von der Dunkelheit gefressen werden, bläulich weiß
aufleuchten.

Im Erstaufnahmelager

5. Juni 2010

Liebe Eltern,

ich bin in einem ‚Erstaufnahmelager', das ist eine Art Unterbringung für die erste Zeit, die vor allem den neu Angekommenen zur Orientierung dient. Ich werde mich hier ausgiebig informieren und beraten lassen; ich will zuerst herausfinden, wo ich die Sprache lernen kann, dann möchte ich erfahren, wo und wie ich eine Arbeit finde, und dann, wenn ich das nötige Geld zusammen habe, schreibe ich mich an der Universität ein. Ich will gleich wieder anfangen zu schreiben und ich muss mich darum kümmern, die Leute zu finden, die sich für meine Artikel interessieren und die mir sagen können, wo und wie ich an die geeigneten Blätter herankomme, die mich veröffentlichen wollen. Ich will außerdem Kontakt aufnehmen zu Internationalen Organisationen, die von meinem Wissen sicher profitieren können. Nach dem, was ich gesehen und erlebt habe, ist mein Drang unbändig, zu berichten und aufzuklären.

Es mögen immer wieder die gleichen alten Wahrheiten sein,

die ständig von Neuem begraben werden, daher ist, wer sie anspricht, auch derjenige, der sie zum Leben erweckt und der ihre frische und junge Kraft wieder auferstehen lässt. Ich bin aufgeregt, Pat. Und ich bin ungeduldig. Es gibt so Vieles, das anzugehen ist, wenn ich demnächst einen eigenen Schlüssel besitze zu einem Zimmer, von dem ich sagen werde, hier wohne ich, hier bin ich zu Hause.

Ich will so bald wie möglich auf eigenen Beinen stehen, nicht mehr abhängig sein von so vielen, ich will auch bald nicht mehr verwaltet werden.

Eure Helen

Pat, liebe Schwester,
als ich heute hier angekommen bin, wurde ich von den Polizisten einem jungen Mann in einem Büro übergeben. Der hat sich sehr diskret benommen, man könnte auch sagen, er war stumm. Überhaupt ging alles vollkommen schweigend vor sich. Er drückte mir ein Formular in die Hand, das ich auszufüllen hatte. Als ich es ihm ausgefüllt wieder zurückgab, hielt er mir ein blaues Stempelkissen entgegen, in das ich meine Finger drücken sollte und anschließend auf das Formular. Jeder einzelne Finger wurde eingeschwärzt und abgedruckt. Danach gab er mir eine Plastiktüte, in der ich einen Plastikbecher fand mit je einem Kaffeepulver und einer Trockenmilch, einem weißen Brötchen, einer Marmelade und einer Butter darin, alles war einzeln abgepackt. Es kam mir vor, als sollten auch die einzeln abgepackten Gegenstände davon abgehalten werden, sich miteinander zu unterhalten.
Er gab mir noch ein Laken und nannte mir die Zimmernummer.

*Jetzt, dachte ich mir, da das Offizielle und Bürokratische
abgewickelt ist, würde er vielleicht ein Wort mit mir reden.
Aber er blieb diskret.*

*Ich wollte ihm danken, doch er zeigte mir per Handzeichen
die Zimmernummer und sagte etwas auf Deutsch, ich nehme
an, dass er mir eine Gute Nacht wünschte.*

*Ich ging in den zweiten Stock, über einen langen Flur und
schlich mich in das Zimmer, in dem sechs weitere Betten
standen. Ich legte das Laken auf die Matratze, Gott Pat, erst
da sah ich, dass es voller Löcher war! Das ganze Laken hatte
mehr Löcher als Stoff. Ich muss in Afrika sein!, dachte ich.
Ich legte die Decke darauf und anschließend mich.*

*Seit ich so ausgestreckt daliege, merke ich, wie müde und wie
hungrig ich bin. Seit über vierundzwanzig Stunden habe ich
nichts gegessen und nichts getrunken. Aber ich bin zu müde
und zu zittrig, um dieses Plastik in den Griff zu bekommen,
ich hab's aufgegeben, diese Packungen sind nicht dafür gemacht, geöffnet zu werden, ich krieg sie nicht auf, es sei
denn, ich beiß rein und zerreiß sie wie ein wütiger Hund,
aber weil das die anderen schlafenden Zimmergenossen aus
dem Schlaf reißen würde, lass ich es lieber sein.*

*Ich kann trotz Müdigkeit nicht schlafen; und so liege ich
hungrig wach, ich höre den Schlaf der anderen und frage
mich pausenlos, wie es morgen weitergeht, und übermorgen,
und wie in einer Woche, in einem Monat, ich weiß nur, Pat,
dass ich keine Zeit zu verlieren habe. Deine Helen*

Im Zug

Liebe Pat,

am nächsten Morgen kam der Beamte ins Zimmer, ich war gerade dabei, heißes Wasser in den Plastikbecher zu gießen. Er klopfte kurz an und trat sofort ein, worüber ich so erschrak, dass ich mir erstmal das Wasser über die Hand schüttete. Er gab mir zu verstehen, dass er mich gleich in seinem Empfangsbüro erwartete und ging wieder. Ich ließ alles stehen und folgte ihm gleich. Ich bekam eine ganze Mappe voller Unterlagen, darunter eine Zugfahrkarte und einen Fahrplan mit den Zügen, die ich nehmen musste. Es waren drei Seiten Zugfahrplan, und auf jeder Seite gab es Zeitangaben und Nummern und Zahlen, die grün markiert waren, offensichtlich die, die für mich waren. Aber es waren so viele, Pat. Und ich verstand nichts, nur, dass der nächste Zug sehr bald losfuhr, denn dieser stumme junge Mann tippte mit seinem Finger auf seine Uhr und dann auf den Fahrplan und gab Zeichen, dass ich mich beeilen sollte. Bis ich verstand, was er meinte, bis ich kapierte, dass es mehr als nur knapp war, verging bestimmt wieder eine Minute, und überhaupt:

*Wie sollte ich wissen, wo der Bahnhof ist? Abgesehen davon,
dass ich nicht verstand, warum ich so schnell wieder abfah-
ren sollte und wohin, oder wo das sein sollte, wohin ich
musste. Ich verstand nichts. Aber ich hatte noch knapp fünfzehn Minuten, bis der Zug losfuhr. Mit den Unterlagen in der
Hand stürzte ich aus dem Haus und machte mich im Lauf-
schritt in die Richtung, in die der stumme Beamte gezeigt
hatte.*

*Ich fand hin, irgendwie, instinkthaft, schweißtriefend, sogar
das Wort „Gleis" hatte ich begriffen, noch bevor ich es lesen
konnte. Ich rannte die Treppen hinunter, durch die Unterfüh-
rung, dann wieder hoch, doch als ich am Gleis ankam, war
der Zug gerade im Anrollen. Da sah ich eine Frau in Uniform
und ich lief zu ihr hin und ich flehte um ihre Hilfe und zeigte
auf den Fahrplan – ich glaube, für sie muss ich die Verzweiflung in Person gewesen sein. Und da geschah etwas, das un-
glaublich war: Sie ließ den Zug stoppen, ja, stell dir vor, der
Zug, der schon im Anrollen war, ist extra für mich nochmal
angehalten worden.*

*Ich konnte also einsteigen und fahren, und ich hatte sogar ei-
nen gültigen Fahrschein. Ich war ein normaler Fahrgast in einem normalen Zug, der durch Deutschland fuhr. Pat, du
kannst dir nicht vorstellen, was für ein Gefühl das war.*

*Ich suchte einen Sitzplatz. Als ich endlich saß und aufatmen
konnte, nahm ich wieder den Fahrplan heraus und studierte
ihn. Plötzlich sah ich, dass ich an der nächsten Station schon
wieder raus musste, also in knapp zehn Minuten, denn der
nächste Zug, den der Beamte für mich markiert hatte, sollte
gleich losfahren.*

*Ich sprang also gleich wieder aus dem Zug, in den ich gerade
eingestiegen war, hüpfte über den Bahnsteig und suchte nach*

dem Anschlusszug für mich. Wieder zerrte ich an der nächstbesten Uniform und wieder schaffte ich es gerade noch in den Zug. Als ich den Plan wieder herauszog, zitterten meine Hände. Ich weiß nicht, ob es die Aufregung war, zum zweiten Mal einen Zug gerade noch erwischt zu haben, oder aus Angst, schon bald wieder aussteigen zu müssen – oder noch schlimmer, nicht schnell genug zu verstehen, dass ich wieder umsteigen musste, wo und wie.

Und das alles in einem ganz und gar unbekannten Land.

Es gab auch nicht in jedem Zug eine Uhr, ich musste fragen, und bis mir jemand Antwort gab, konnte es vielleicht schon zu spät sein.

Der dritte Zug war eine Straßenbahn. Aber es war die Hölle, bis ich verstanden hatte, dass ich vom Zug auf eine Straßenbahn umzusteigen hatte, um eine halbe Stunde später wieder in einen Zug zu steigen. Dieses Mal aber musste ich nicht wieder rennen. Wenn es stimmte, was ich verstand, so hatte ich auf den nächsten Zug zweieinhalb Stunden zu warten. Das aber war fast schlimmer für mich, als den Zügen hinterher zu rennen. Denn so sehr ich mich auch bemühte, diesen Plan zu studieren, ich konnte mir nie ganz sicher sein.

Es wurde kalt, während ich wartete, die Sonne war untergegangen, es dämmerte. Ich hatte den ganzen Tag im Zug verbracht und war noch lange nicht angekommen. Und ich hatte keine Ahnung, wo ich war, ob in der Mitte, im Norden, im Westen oder im Osten Deutschlands, den ganzen Tag war ich gefahren, ohne dass ich Zeit hatte, herauszufinden, wohin.

Ob alle Reisenden so oft umsteigen müssen, wenn sie reisen, oder gibt es auch Züge, die durchfahren?

Inzwischen weiß ich, dass es eine Frage des Preises ist; der Fahrschein, den ich hatte, galt nur für die Regionalzüge und

Straßenbahnen, damit aber musste ich quer durch Deutsch-
land fahren, kein Wunder, dass ich so lange unterwegs war.
Am Ende habe ich zwölf Mal den Zug gewechselt, es war, wie
einen seltsamen Kampf zu führen, als ich zum letzten Mal aus
dem Zug stieg, zittrig und schwach, doch siegreich; den
Kampf gegen die abfahrenden Züge habe ich gewonnen.
Und wie überrascht war ich, als ich nach dieser langen Fahrt
durch fremdes Gebiet empfangen wurde! Stell dir vor, Pat:
Als ich aus dem Zug stieg, kamen mir Polizisten entgegen, die
mich in Empfang nahmen.
Sie fragten nach meinen Unterlagen und gingen mit mir in
ihr kleines Wachbüro am Bahnhof. Dann telefonierten sie.
Und am Ende gaben sie mir die Zettel wieder zurück und
beschrieben mir den Bus, den ich zum Asylantenheim zu
nehmen hatte. Dann begleiteten sie mich wieder nach drau-
ßen.
Inzwischen war es schon lange dunkel; vor dem Bahnhof zeig-
ten sie mir eine Bushaltestelle, sie nannten mir die Nummer
des Busses und die Haltestelle, an der ich aussteigen musste.
Dann waren sie wieder weg.
Die letzte Strecke also sollte ich mit dem Bus zurücklegen.
Ich stand an der Bushaltestelle und wartete auf den Bus.
Zwanzig Minuten vergingen. Da tauchten die Lichtkegel ei-
nes größeren Fahrzeuges auf. Es war der Bus. Er hielt an, ich
stieg ein, und weil ich seine Nummer nicht von vorne erken-
nen konnte, fragte ich den Fahrer; der aber schüttelte mit
dem Kopf, ich fragte nochmal, wieder schüttelte er mit dem
Kopf und öffnete zugleich die Bustür, um mich aussteigen zu
lassen. Also stieg ich aus, der Bus fuhr davon. Dann aber
konnte ich von hinten erkennen, dass es die Nummer 42
war. Es war der richtige Bus gewesen. Und es war außerdem

der letzte. Weiß der Teufel, warum der Fahrer das Gegenteil behauptete, er hatte wohl Lust zu scherzen.

Es waren gut acht Kilometer, die ich zu Fuß vor mit hatte. Das sagte mir eine junge Frau, die nach einer Weile mit dem Fahrrad vorbeikam, sie war die einzige, die jetzt noch unterwegs war. Ich machte mich auf den Weg. Ich fror, meine Beine liefen wie mechanisch. Ich bekam den Busfahrer nicht aus dem Kopf, warum hatte er mich angelogen?

Ich ging und ging, meine Augen waren weit aufgerissen in der Dunkelheit. Ich verstand einfach nicht, was es zu bedeuten hatte, dass der Busfahrer mich nicht in den Bus genommen hatte.

Ich verstand aber auch nicht, wie die Polizisten wissen konnten, dass ich um halb zehn Uhr nachts auf dem kleinen Bahnhof eintreffen würde.

Stand ich unter Beobachtung? Warum aber sind sie jetzt nicht hier, während ich durch eine fremde Gegend laufe, die immer dunkler und dunkler wird. Es ist keine bewohnte Gegend, durch die ich laufe, es sind Fabrikgebäude und große flache Blocks, es könnten Kaufhaushallen sein. Es ist ein Vorort einer Stadt, von dem ich mich entferne, das sagt mir der Abstand zwischen den Laternen, der immer größer wird. Ich laufe nicht stadteinwärts, sondern stadtauswärts. In weiter Ferne tauchen die vielen Lichter einer Tankstelle auf, die Lichter der Stadt in meinem Rücken verschwinden mehr und mehr.

Ich gehe zur Tankstelle, doch die Türen öffnen sich nicht, obwohl es hell beleuchtet ist. Ich kann aber auch keine Menschenseele entdecken, bis ich jemanden an einer Kasse sitzen sehe. Ich laufe hin, klopfe an die Scheibe, erst jetzt sehe ich, dass der Mann an der Kasse zwei Monitore vor sich hat, auf die er wohl auch starrte, als ich nach irgendeinem Menschen suchte. Er dreht sich zu mir, ich halte ihm die Adresse an die Scheibe, doch er dreht den Kopf wieder zurück zu seinen Monitoren.

Wie meint er das? Ich verstehe nicht, wie er das meint, ich warte, vielleicht muss er nachdenken und überlegen, bevor er mir antwortet.

Aber es kommt nichts mehr von ihm. Der Mann hinter der Scheibe hört nicht auf, auf die Monitore zu starren, obwohl sich dort nichts bewegt. Ich klopfe wieder. Nichts! Mir kommen fast die Tränen, dann aber folgt der Zorn: Ich glaube, er will mir nicht antworten! Er will einfach nicht!

Er sitzt hinter seinen Monitoren im Warmen und will einer Frau, die allein durch eine fremde Gegend irrt, nicht helfen!?

Es war dieser Zorn, angefeuert von den Tränen, dem Hunger und dem Durst und der Kälte, alles zusammen machte diesen Zorn aus, der jetzt meinen Arm hob und ihn gegen die Scheibe hämmern ließ, immer heftiger, immer schneller, mit beiden Armen hämmerte jetzt mein Zorn gegen die Scheibe, bis dem Mann hinter der Scheibe nichts übrig blieb, als seinen Kopf zu mir zu drehen und mit seinen Armen zu fuchteln.

So. Und jetzt hielt ich ihm wieder die Adresse an die Scheibe, er las es und gab mir mit einem Wink zu verstehen, in welche Richtung ich musste. Ich war erleichtert zu sehen, dass ich wenigstens auf dem richtigen Weg war.

Nach etwa zehn Minuten kam ich an eine riesige Brücke, ich hatte Angst, mich über die Brücke zu wagen, es war windig, die Autos rauschten an mir vorbei, ich blickte zurück zur Tankstelle, die unter mir lag. Was sehe ich? Ich seh ein Polizeiauto dort stehen, wo ich zuvor gestanden hatte, und ich sehe zwei Polizisten, die mich an die Polizisten am Bahnhof erinnern. Einer der beiden kommt gerade aus dem Gebäude, der andere lehnt am Wagen und sieht in meine Richtung.

Ja, es waren die beiden Polizisten vom Bahnhof, und sie waren mir die ganze Zeit über gefolgt und sie kontrollierten, ob ich auch wirklich dorthin unterwegs war, wohin mich der stumme Mann im Erstaufnahmelager geschickt hatte.

Ich wagte noch immer nicht, über die Brücke zu gehen.

Da hielt ein Wagen vor mir. Ein Fahrer ließ die Scheibe herunter und fragte, wohin ich denn müsse. Ich zeige ihm die Adresse. Er wirft einen Blick drauf und sagt, dass er mich hinfahren würde. Ja, natürlich. Ich schaue ihn einfach nur an. Glaubt er wirklich, dass ich in sein Auto steige? Sollte er wirklich annehmen, dass ich nicht wüsste, was das für eine Aufforderung war? Oder dachte er, die Angst, die mich nicht über die Brücke ließ, besorge ihm eine billige Nummer?

Ich stand angelehnt am Geländer der Brücke und schaute ihn an, dann gab ich ihm mit dem Kinn ein Zeichen, dass Polizisten genau verfolgten, was hier gerade vor sich ging. Da lächelte er einen Moment und nickte.

Wieder bot er an, mich hinüber zu bringen. Ich sah auf den gewaltigen Fluss unter mir, auf die windige Brücke vor mir, ich spähte zur Tankstelle, wo ich die Polizisten sah, ich sah in das Gesicht des Mannes. Dann stieg ich ein.

Pat, dieser Mann hat mich die gesamte Strecke gefahren. Er hat mich ungefähr einen halben Kilometer vor dem Asylantenheim aussteigen lassen, und er wäre auch direkt hingefahren, wenn es nicht unschicklich gewesen wäre, wie er mir erklärte. Er hat mich also einen halben Kilometer bis vor das Gebäude gefahren, hat dann gedreht und ist zurückgefahren. Erst da begriff ich, dass er nur meinetwegen hierher gefahren war, und er wollte wirklich nichts dafür.

Kurz bevor ich ausstieg, beschrieb er mir den restlichen Weg zum Heim, als er fertig war, hätte ich nur noch aussteigen und gehen müssen. Das Gebäude war von weitem zu erkennen, es gab ein paar Laternen, ich hatte nichts mehr zu befürchten. Im Rückspiegel sah ich wieder das Polizeiauto, sie hatten mich nicht aus den Augen gelassen.

Als ich mit der Hand schon im Türöffner war, bereit, gleich auszusteigen, gab es einen Moment, da wollte ich sitzenbleiben und nie wieder aus dem Auto steigen. Einen Moment lang war es sogar so, dass ich mir wünschte, von diesem Mann gefragt zu werden, ob ich nicht noch eine Weile bleiben wolle. Und gleichzeitig wusste ich, dass er das niemals fragen würde, nicht er, der genau wusste, dass er damit jedes Vertrauen zunichte machen würde. Ich hätte noch eine Ewigkeit in dem Auto neben diesem Mann sitzen können. Ich stieg aus, ich ging zu Fuß den letzten Weg zum Asylantenheim. Ich klingelte an der Tür, ich wurde eingelassen, man hatte mich erwartet. Andernfalls hätten sie die Polizei verständigt und nach mir suchen lassen.

Seither bin ich hier. In einem Zimmer im Asylantenheim, von fern höre ich das dumpfe Rauschen der Autobahn, um das Gebäude herum ist es still. Es steht allein auf einem weiten Gelände, umgeben von Auffahrstraßen zur Autobahn, weitab von bewohnten Häusern. Sogar zum Supermarkt muss man den Bus nehmen. Eine Militäranlage soll es früher gewesen sein, eine Kaserne, bevor ein Asylantenheim daraus wurde. Ich werde bald einschlafen, Deine Helen

Das Interview

Sie nehmen dir Fingerabdrücke ab, sie machen Bilder von dir, Profilbilder, wie bei der Polizei, der erste Eindruck, den du von dir bekommst, ist: du bist kriminell. Und hier zu sein, ein krimineller Akt.

Sie sagen dir, dass du jetzt zu warten hast auf das Interview, sie fragen dich, in welcher Sprache du es führen willst, damit sie jemand zum Übersetzen mitbringen können, aber sie sprechen die Tage nicht mit dir, ganze Wochen vergehen, ohne dass sie mit dir sprechen, nur auf das Interview sollst du gefasst sein die ganze Zeit.

Und dann fragen sie dich stundenlang immer wieder dieselben Dinge, immer wieder, das hat etwas sehr Lächerliches, ich hätte viel lieber mit ihnen gelacht. Irgendwann fängst du an, dich zu fragen, ob du etwas Falsches gesagt hast, irgendwann fängst du an, dich zu fragen, ob vielleicht an deiner Art zu denken, etwas falsch ist und sie dich nicht verstehen können.

Irgendwann fängst du an, dich zu fragen, ob sie und ich womöglich vollkommen anders denken. Und irgendwann wird es einfach unerträglich langweilig, immer wieder dasselbe zu

*wiederholen, sodass du selbst nicht mehr glauben kannst,
was du sagst. Also fängst du an, kleinweise zu variieren und
ein wenig davon abzuweichen, was du noch vor zwei Stunden gesagt hast, um nicht mitten im Satz einzuschlafen oder
um herauszufinden, ob sie dich mit einer anderen Logik eher
verstehen würden.
Warum sind Sie hier? Warum haben Sie Ihr Land verlassen?
Was ist Ihnen geschehen? Welchen Schwierigkeiten sahen Sie
sich ausgesetzt? Woher nahmen Sie das Geld, um nach Europa zu reisen?
Leben Ihre Eltern? Haben Sie Geschwister?
Irgendwann fängst du also an, nach den Sätzen zu suchen,
die sie begreifen könnten. Du suchst und suchst nach einer
Sprache, nach einem Wort, nach einem Ausdruck, der ihnen
etwas sagen könnte, aber sie sind nicht hier, um dich zu begreifen, sie sind hier um herauszufinden, ob du ein Recht
hast, hier zu sein.
Du erzählst zum hundertsten Mal dasselbe, doch jedes Mal
ein wenig anders; sie nehmen alles mit derselben kalten Mie-
ne auf, nur irgendwann gibt es den Moment, da tippen sie
auf die Stellen, die abweichen, sie zeigen dir die kleinsten Wi-
dersprüche auf, als hätten sie immer nur darauf geachtet,
und sie werfen dir vor, dass du vor Stunden noch etwas ganz
anderes behauptet hättest. Du willst protestieren, und sie sagen dir, dass du ein Recht auf einen Anwalt hast. Und wieder
willst du etwas sagen, doch bevor du dich verteidigen kannst,
sagen sie dir, dass sie das jetzt erstmal alles aufgenommen
hätten.
Danach gehst du raus, du wartest noch mal eine halbe Stunde, du kriegst einen Antrag, den du unterschreibst, von da an
dann beginnst du zu warten. Um das Heim zu verlassen,*

musst du einen Antrag stellen, selbst wenn du nur zum Super-
markt fährst, um die Geldmarken einzulösen, die man dir
wöchentlich überreicht.
Ein paar Leute, die vor der Tür standen, sagten mir, als ich
rauskam, dass ich keine Chance hätte.
– Jeder hat seine eigene Geschichte, sagte ich.
– Deiner Geschichte aber sieht man an, dass sie erfunden ist.
Nicht dass sie erfunden ist, ist das Problem. Keine Geschich-
te, die wahr ist, hätte Aussicht auf Erfolg. Aber deine Ge-
schichte ist nicht mehr neu genug, sie ist abgelaufen. Jede Ge-
schichte hat ein Ablaufdatum, deine ist vor einem halben
Jahr schon abgelaufen.
– Woher wollt ihr euch so sicher sein zu wissen, was für eine
Geschichte ich erzählt habe?
Sie kannten die Geschichte von Beth, Beth aus Kenia, die aus
politischen Gründen verfolgt wurde, auf ganz hoher Rangebe-
ne, dass ihr Mann umgebracht worden sei und so weiter.
Da sagte ich ihnen, dass ich nicht diese Geschichte erzählt
habe.
Ich habe nicht von Beth gesprochen, sondern von mir. Ich
habe ihnen gesagt, dass Beth ein gefakter Name ist und mein
richtiger Name Helen ist. Und ich habe ihnen gesagt, dass ich
nicht aus Kenia bin, sondern aus Nigeria.
Ich habe ihnen gesagt, dass meine persönlichen und berufli-
chen Vorstellungen, aber auch meine politischen Ansprüche
und überhaupt die Ansprüche an mich und die Gesellschaft,
in der ich lebe, ein Leben in Europa nahelegen. Europa ver-
tritt die Grundsätze, die ich auch vertrete und die ich in mei-
nem Land nicht ausreichend vertreten sehe. Und ich habe ih-
nen gesagt, dass ich weiß, wovon ich spreche, wenn ich das
sage.

Sie haben mich wie vom Blitz getroffen angesehen.
Dann bin ich in mein Zimmer zurückgegangen.
Ich habe mich aufs Bett gelegt, auf dem ich seither liege. Tagein, tagaus. In meinem Zimmer, zu dem ich einen eigenen Schlüssel habe.
Ich kann also die Tür hinter mir abschließen und für mich allein sein. Genau das, was ich immer wollte.
Allerdings gibt es noch ein paar andere, die einen Schlüssel zu meinem Zimmer haben: die Heimleitung und das Wachpersonal, falls du dir etwas antust, und die Polizei, um dich im Zweifel nachts zu holen, wenn der Abschiebebescheid eingegangen ist.

Liebe Pat,
ich habe mir keine Gedanken gemacht darüber, dass man ein Recht auf ein freies Leben nur dann hat, wenn man nachweisen kann, dass es vorher kein Leben war, wenn überhaupt, dann darf es maximal nur ein Überleben gewesen sein, andernfalls hat man kein Recht auf ein Leben in Europa.
Ich gehöre aber nicht zu denen, die sich in allergrößter Not befanden, verfolgt, gefoltert, ohne Aussicht auf eine Rückkehr, ich musste nicht um mein Überleben bangen. Jedenfalls nicht, bevor ich nach Europa aufgebrochen bin. Mein Leben wurde erst, als ich nach Europa aufgebrochen bin, ein Überlebenskampf, oft dem Tod näher als dem Leben, aber das zählt nicht.
Dass ich mein Leben mehr als nur einmal verlieren hätte können, so wie die vielen tausend anderen, die nach Europa aufbrechen, ist kein ausreichender Grund.

Ich habe dabei ein Kind verloren; ich habe mich mehr als nur einmal untergehen sehen. Ich habe einem Mann vertraut und ihn geliebt, von dem ich nie erfahren werde, ob er mir helfen oder ob er mich verkaufen wollte.

Ich habe mich am Ende selbst verkauft, habe mich erniedrigt, bin gestorben und doch am Leben geblieben. Allerdings ohne vorher zu wissen, dass ich das jemals überstehen werde.

Hätte ich das alles nachweisbar in einem afrikanischen Land erlebt, das eine überzeugende und solide Diktatur nachweisen kann, ich hätte die besten Aussichten auf eine Aufnahme in einem europäischen Land.

Aber der Preis, den ich für mein Europa schon jetzt bezahlt habe, ist für Europa kein Kriterium.

Diese ganze unendliche Reise hat mir alles genommen, wovon ich jemals geträumt habe: Ich habe sie anscheinend ohne ausreichende Gründe unternommen, jedenfalls von Europa aus gesehen.

Aber auch, wenn das für Europa nicht zählen sollte, so ist es doch meine Geschichte geworden; alles, was ich erlebt und verloren habe, aber auch, dass ich noch am Leben bin. Wenn ich abgelehnt werde, so möchte ich nicht wegen einer erfundenen, falschen Geschichte abgelehnt werden. Es soll meine eigene, wahre Geschichte sein, über die entschieden wird.

Das Urteil, das gegeben wird, soll mich betreffen; so kann ich wenigstens sagen, dass ich es wirklich bin, über die geurteilt wird.

Vielleicht war mein Leben das Leben einer jungen Frau, die stolz und selbstbewusst aufgewachsen ist und die glaubt, es der eigenen Intelligenz schuldig zu sein, ein selbst gewähltes Leben zu führen. Ein Leben, in dem sie frei entscheidet und bereit ist, die Konsequenzen zu tragen.

Ich glaube zu wenig an ein Leben im Jenseits, jedenfalls bin ich nicht bereit, allzu sehr darauf zu spekulieren, dass sich dort einfindet, was im jetzigen Leben nicht möglich sein sollte. Wozu so lange warten, wenn ich doch schon jetzt ein Leben habe, das mir geschenkt wurde und aus dem ich hier und jetzt etwas machen will.

Die Vorstellung, dass meine Existenz von fremden Menschen und Mächten bestimmt, beschnitten und verstümmelt wird, ist unerträglich.

Aber das sind alles Gründe, die für Europa nicht ausreichen; die gelten zwar allgemein und für jeden Menschen und überall sonst, aber sie gelten nun einmal nicht für jemand, der aus Afrika kommt.

Ich traf in Nigeria auf viele Europäer, die mussten nicht erst um ihr Überleben bangen, um in Afrika zu sein. Aber das ist wohl eine andere Geschichte.

Dennoch hatte ich sie zum Vorbild, ihre Selbstverständlichkeit, in die Welt zu gehen, statt es mir rechtzeitig zu verbieten, dasselbe zu wollen. Entsprechend machte ich mir keinen Kopf darüber, ob es mir als Afrikanerin erlaubt ist, in Europa zu sein.

Pat. Sag allen, es geht mir gut. Sag ihnen, dass ich sehr damit beschäftigt bin, mich einzurichten in der neuen Welt.

Sag ihnen, dass sie bald von mir hören werden.

Und sag ihnen vor allem, es geht mir gut.

Deine Helen

Warten auf den Bescheid

Jeder endet hier in der eigenen Ohnmacht.
Jeder mit sich allein mit seinen Sorgen, seinen Nöten, seinen
Ängsten, seiner Ungewissheit. Jeder lebt allein mit seiner Ge-
schichte.
Die meisten leben im Schock, jeder mit seinem eigenen persön-
lichen Schock. Keiner teilt seinen Schock mit den anderen. Kei-
ner hat die Kraft, neben dem eigenen Schock sich mit dem
Schock der anderen zu befassen. Jeder wird allein gefangen ge-
halten von seiner eigenen Geschichte. Von seiner eigenen Ge-
schichte, die ihn nicht loslässt und die in den meisten Fällen
doch nicht ausreicht für ein Daseinsrecht.
Die ihn aber auch nicht mehr zurückgehen lässt.
Jeder teilt seine Einsamkeit mit sich allein.
Nur die Küche und die Toiletten müssen wir teilen, auch die
Duschen.
Das Leben im Heim ist schweigsam tagsüber, nur die Nächte
sind lang. Lang und laut. Nachts wartet jeder darauf, mit dem
anderen streiten zu können. Tagsüber wird geschlafen, nachts
wird getrunken. Bis fünf Uhr früh, manchmal auch so lange, bis
die ersten Kinder gewaschen und zur Schule gebracht werden.

Jede Nacht klopft es an meine Tür, es ist nicht nur einer, der klopft, ich schätze es sind mindestens vier, die jede Nacht zu den selben Zeiten klopfen. Ich habe mir einen Topf unter das Bett gestellt, so muss ich nachts nicht auf die Toilette. Wenn du nachts durch den langen dunklen Korridor gehen musst, weißt du nicht, was dir passiert.

Das Warten ist das Schlimmste. Ich starre auf die Decke oder auf den Innenhof. Meistens liege ich, manchmal stehe ich.

Ich bin gezwungen, die Zeit verstreichen zu lassen, sinnlos, tatenlos, inhaltslos, während mich Kopf und Körper drängen, mein Leben in die Hand zu nehmen. Nur wohin in die Hand nehmen? In welche Richtung?

Es geht nicht mehr nach vorne. Und zurück zu gehen ist unmöglich geworden.

Ich glaube, je schwerer der Weg nach Europa war, umso unmöglicher wird es, zurückzukehren.

Es geht nicht mehr nach vorne, und es geht nicht mehr zurück. Doch alles, was du erlebt hast, kehrt einzeln wieder zurück. Die Zeit des Wartens ist die Zeit, in der sich alles nochmal abspielt, alles wird von neuem durchlebt und hält deinen Kopf in ständiger Aufregung.

Jeder wird hier von seiner Vergangenheit besucht.

Doch nicht, was schön war, kehrt zurück.

Vorher noch taucht der Schrecken wieder auf mit voller Wucht und reißt dich aus dem Schlaf. Ich frage mich, wann der Schrecken schlimmer ist, wenn er auftritt oder hinterher, wenn er wiederkehrt. Wenn er auftritt, betäubt er dich, doch wenn er in deinen Kopf zurückkehrt, macht er dich hellwach.

Für so viele ist der Weg nach Europa eine Katastrophe, die für den Rest ihrer Zeit für hellwache Nächte und viele Albträume sorgt.

Für viele aber kommt zur Katastrophe dieser Reise noch jene Katastrophe hinzu, die sie vorher erlebt haben, bevor sie aus dem Land geflohen sind. Manche erleben mindestens zwei Katastrophen gleichzeitig und parallel, ihre Familie, die dort auf Rettung oder Erlösung wartet, und die Katastrophe der eigenen Ohnmacht, in der sie Tag für Tag tatenlos und sinnlos verstreichen lassen müssen.

Ich will rausgehen und mein Leben beginnen, Pat.

Meine größte Angst ist es, verrückt zu werden, und vorher noch fernsehabhängig, alkoholabhängig, drogenabhängig.

Es ist wie tot zu sein.

Die Zeit, in der du wartest, ist eine Zeit ohne Leben, die Zeit, die dir fehlen wird, wenn du dieses Haus jemals wieder verlassen wirst.

Lichtscheu vielleicht, menschenscheu, ängstlich und ohne irgendetwas.

Was ist das Mindeste, was ein Kopf braucht, um nicht verrückt zu werden?

Mit wie wenig kann ein Kopf auskommen.

Wieviel an zu wenig verträgt er?

Bis er platzt.

November, 2010

Liebe Pat,

so viele Monate sind vergangen, so viel Zeit, die bewusstlos weiterlief, ich weiß nicht, wo die Tage sind, die ohne mich gekommen und gegangen sind. So viele Male muss die Sonne aufgegangen sein und wieder unter, ohne dass ich dabei war. Die Minuten, die Stunden, die Tage, die da gewesen sind, sie waren es ohne mich, mich hat es nicht gegeben, keine Sekunde davon, ich weiß nicht, wo ich war, Pat, ich war nicht da, aber ich war auch nicht weg.

Wenn das einmal vorbei ist, eines Tages, wenn das überstanden ist, dieser Ort hier und dieses stumpfe Sein in diesem Zimmer, wenn diese Zeit hier der Vergangenheit angehört und gewesen ist, als hätte es sie nie gegeben, wenn ich einmal wieder sein kann, als gehörte mein Leben mir, dann Pat, dann werde ich dir alles erzählen.

Sie sagen, ich war krank, sie kannten meine Krankheit, besser als mich, sie kannten sie lange schon, bevor sie mich registrierten, sie ist nämlich keine Seltenheit hier, Leute werden verrückt.
Ich habe meinen Verstand verloren und mein Bewusstsein. Monatelang war ich nicht bei Sinnen, ich war nicht mehr bei mir.
Mein Kopf jedenfalls war nicht mehr hier und nicht bei mir. Ich habe keine Ahnung, wo er stattdessen war. Nur der Körper war noch hier. Der Körper aber rannte kopflos umher, nervös wie er war, verloren wie er war ohne Kopf. Und ohne Haare.
Sie sagen, ich hätte nach einer Rasierklinge verlangt. Wozu Haare, wo es doch keinen Kopf mehr gibt? Also gaben sie mir die Rasierklinge. Ich setzte sie am Haaransatz an und fuhr mir kreuzweise durchs Haar, an manchen Stellen blutete es so stark, dass die Haare bleiben mussten, an anderen Stellen blutete es weniger, die wurden dafür kahl.
Warum aber gab man mir eine Rasierklinge?
Warum gaben sie mir eine Rasierklinge, wo ich doch sonst so wenig von ihnen bekam?

Warum haben sie nicht dem Kopf geholfen, statt dem Körper die Klinge zu geben?

Erst, als meine Haare stellenweise weg waren und stellenweise blutgetränkt, erst da fing man an, sich zu wundern. Nicht lange. So schnell, wie ich abgegeben wurde.

An der Rezeption der Klapse fragte ich nach der Hotelbar. Die nächsten Monate verbrachte ich dort. Wie und wo, das wissen die wechselnden Schwestern. Nur sie sahen mich in meiner Krankheit, mir selbst fehlte ja der Kopf. Nach diesen Monaten stellte man mich wieder dort ab, wo ich abgegeben worden war. Anscheinend war ich jetzt wieder gesund.

Als ich entlassen wurde, lief ich über ein sonnenverbranntes Feld zum Bus, wieder fuhr der Busfahrer ohne mich los. Die Handtasche voller Medikamente band ich mir um den Hals.

So lief ich die acht Kilometer zurück zum Heim, mit einer Tasche um den Hals. Dann saß ich wieder da, sonst nichts, nachts klopfte es wieder an der Tür, und auch der Topf stand wieder unter meinem Bett.

Nur die Medikamente hatte ich jetzt bei mir. Ich nahm manchmal eine ganze Packung, an manchen Tagen keine.

Es war noch immer niemand bei mir oder in mir. Noch immer war ich unbehaust und ohne Licht von außen.

Und auch dem Haus war es nicht aufgefallen, dass ich weg war. Es war einerlei, hier zu sein oder weg zu sein.

Bis Grace zu mir kam. Eines Morgens kam Grace zu mir. Sie zog mir die Kleider aus und stellte mich unter die Dusche. Sie hat vor der Dusche gestanden und darauf geachtet, dass niemand vorbeikommt. Grace hat über mich gewacht, wenn ich mit einem Körper voller Tabletten noch entfernter war als sonst.

Sie gab mir zu essen und sie brachte mir den Hunger zurück. Auch den Durst. Und den Schlaf, den echten Schlaf. Der damit endet, dass du aufwachst und wach bist.

Ich wurde von Grace zurückgehalten immer dann, wenn ich einfach davongegangen wäre, Richtung Autobahn, Richtung Brücke, irgendwohin. Aber nicht unbedingt zu mir.

Inhalt

Mein Dank gilt Veronika Springmann, die zu jeder Zeit mit einem guten Rat zur Stelle war; Anne-Claire Galli für ihre grenzenlose Großzügigkeit sowie Samson Kidane für die unzähligen Gesprächsstunden mit ihm. Danken möchte ich außerdem Marie-Thérese Masala, Amal Bürgin, Irene Rodriguez, Beth Muriithi und den vielen anderen Frauen, die ich durch ihre Initiative „women in exile" kennen gelernt habe. Ohne sie würde es das Buch nicht geben.

TransferBibliothek   Folio Verlag

TransferBibliothek   **Folio Verlag**

Sämtliche Bände 13,5 x 21 cm

Andrej Blatnik   **Bd. XCII**
Ändere mich. Roman
Gebunden mit Schutzumschlag, 240 S., ISBN 978-3-85256-494-4

Erika Wimmer   **Bd. XCIII**
Die dunklen Ränder der Jahre. Roman
Gebunden mit Schutzumschlag, 268 S., ISBN 978-3-85256-495-1

Martin Kubaczek   **Bd. XCIV**
Sorge. Ein Traum. Roman
Gebunden mit Schutzumschlag, 280 S., ISBN 978-3-85256-497-5

Luis Stefan Stecher   **Bd. XCV**
Korrnrliadr. Gedichte in Vintschger Mundart
Neuausgabe. Gebunden mit Schutzumschlag, 124 S., ISBN 978-3-85256-475-3

Michael Hamburger   **Bd. XCVI**
Baumgedichte
Neuausgabe – zweisprachige Ausgabe. Fr. Broschur, 64 S., ISBN 978-3-85256-503-3

Michael Hamburger   **Bd. XCVII**
Aus einem Tagebuch der Nichtereignisse
Neuausgabe – zweisprachige Ausgabe. Franz. Broschur, 144 S., ISBN 978-3-85256-504-0

Josef Oberhollenzer   **Bd. XCIX**
Der Traumklauber. Eine Erzählung in 52 Träumen
Gebunden mit Schutzumschlag, 128 S., ISBN 978-3-85256-510-1

Gerhard Ruiss/Oswald von Wolkenstein   **Bd. C**
So sie mir pfiff zum Katzenlohn. Lieder. Nachdichtungen. Band III
Gebunden mit Schutzumschlag, 174 S., ISBN 978-3-85256-523-1

Drago Jančar   **Bd. CI**
Der Baum ohne Namen. Roman
Gebunden mit Schutzumschlag, 329 S., ISBN 978-3-85256-527-9

Herbert Rosendorfer   **Bd. CII**
Letzte Mahlzeiten. Die Aufzeichnungen des königlich
bayrischen Henkers Bartholomäus Ratzenhammer
Gebunden mit Schutzumschlag, 329 S., ISBN 978-3-85256-529-3

Toni Bernhart (Hg.)   **Bd. CIII**
Johann Herbst: Das Spiel vom Eigenen Gericht
Franz. Broschur, 128 S., ISBN 978-3-85256-535-4

Ferruccio Delle Cave/Martin Hanni (Hg.)   **Bd. CIV**
Lyrik im Gespräch. Der Lyrikpreis Meran
Gebunden mit Schutzumschlag, 120 S., ISBN 978-3-85256-530-9

Bora Ćosić   **Bd. CVI**
Im Ministerium für Mamas Angelegenheiten
Gebunden mit Schutzumschlag, 329 S., ISBN 978-3-85256-556-9

Martin Kubaczek   **Bd. CVII**
Die Knie meiner Mutter
und mein Vater im Krieg. Erzählung
Gebunden mit Schutzumschlag, 329 S., ISBN 978-3-85256-557-6